대한민국 임시정부의 민족혁명가

윤기섭

대한민국 임시정부의
민족혁명가

윤기섭

| 김광재 지음 |

짙은 눈썹과 긴 수염에 장자풍의 외모로 다가오는 임시정부요인이 있다. 국내뿐만 아니라 서간도·상해·중경·러시아를 넘나들면서 민족독립에 일생을 바쳤던 그는 규운畦雲 윤기섭이다. 6·25전쟁 발발 직후 납북되어 북한에서 사망하였기 때문에 남쪽에서는 납북 임시정부요인으로 사람들의 기억 속에 묻혀버리고 말았다.

1989년 뒤늦게 정부에서 납북 임시정부요인들에 대한 독립유공자 포상이 이루어지면서 그의 민족운동도 알려지기 시작하였다. 하지만 파란 많던 그의 독립운동에 대해서는 아직도 알려지지 않은 것이 적지 않다. 그는 망명과 독립운동, 격동의 해방정국에 이어 납북의 와중에서 어떤 자료나 글도 남기지 않았다.

윤기섭은 구한말 신민회에서 활동할 때부터 일제 패망 후 임시정부 요인으로 환국할 때까지 독립전쟁을 호소하고 교육구국운동을 펼쳤다. 항상 '독립혈전'을 주장하면서 신흥무관학교에서 군사인재양성을 위해 심혈을 기울인 주인공이 윤기섭이었다. 많은 어려움에도 불구하고 신흥무관학교가 폐교되지 않고 명맥을 유지한 데는 그의 희생이 있었다. 살얼음판 같은 '독립혈전'은 어쩌면 무모할 만큼 자신의 삶을 옥죄는 현실이었는지도 모른다. 하지만 그는 상황에 타협할 정도로 나약한 존재가 아니었다. 서간도 대표의원으로 상해임시정부에 온 후에는 임시정부 군무장과 의정원 의장으로서 군사노선과 의회민주주의 발전을 위한 초석을 놓았다.

그는 평소 온화하면서 소박한 성격으로 좌우를 모두 포용할 수 있는 넓은 도량과 기상을 지니고 있었다. 김구·조완구·안창호·이동휘·김원봉에 이르기까지 많은 사람들과 교유할 정도로 발이 넓었다. 그에게 이념은 단지 조국광복을 위한 수단일 뿐이었다. 동시에 한 번 결심한 것은 끝까지 밀고나가는 끈기도 있었지만 숫자 하나도 그냥 넘기지 않는 꼼꼼한 면도 있었다. 대중들 앞에서는 사자후를 토하는 연설 능력을 겸비한 당대를 대표하는 연설가였다. 20대 초반부터 기라성같은 선배 독립운동가들과 어깨를 겨누는 명연사로서 활약하였다. 그러면서도 그는 누구보다 인간적이었다. 여러 가지 기념식이나 장례식 등 온갖 대소사에는 늘 그가 앞장 섰고 남들이 꺼리는 궂은 일도 마다하지 않았다. 불의와 타협하지 않는 강직한 성품으로 정의를 앞세우던 그는 정치적 야심과는 거리가 멀었고 시류에 영합하지 않는 지사풍의 인격자였다. 때문에 그의 행동이나 발언은 간혹 열정과 의욕이 앞섰고 현실적인 고려가 부족한 예도 없지 않았다. 이는 정치운동이기도 했던 독립운동에서 그의 한계이기도 했다.

이 책이 나오기까지 선생의 따님인 윤경자 여사의 특별한 관심과 격려가 있었다. 여사의 선친에 대한 사랑과 존경은 지나칠만큼 남달랐다. 일찍부터 선친의 독립운동 행적을 더듬어온 여사의 열정은 여러 가지로 부족한 필자에게 큰 힘이 되었다. 지면을 빌려 다시 한 번 더 깊은 감사를 드린다.

2009년 4월 김광재

출생과 국내활동

출생과 유년시절

윤기섭은 1887년 4월 4일 경기도 파주시 파주읍 파주리 마산동에서 출생하였다. 본적은 경기도 장단長湍이다. 본관은 해평海平으로서 대대로 과거급제자들을 배출한 조선말기 명문가 집안의 출신이었다. 그는 백사공白沙公 훤喧의 12세 손인 한말의 유학자 기영耆榮과 합천 이씨 사이의 2남 3녀 가운데 2남으로 태어났다.

윤기섭의 자는 중규仲珪이고, 호는 규운이다. 규운은 '낮게 가는 구름'이라는 뜻으로 '겸손'의 의미를 지닌다. 서간도와 중국 본토에서 활동할 때는 이름 대신 규운이라는 호도 많이 사용하였다. 이는 그의 인간성을 그대로 보여주는 부분 중 하나이다.

그가 태어날 무렵 한반도는 안으로는 봉건체제가 붕괴되기 시작하던 혼란기였으며 밖으로는 일본 및 서구 제국주의 세력의 침략이 본격화되고 있던 시점이었다. 1876년 일본의 강압에 의한 개항으로 조선은 세계 자본주의 체제의 한 고리로 편입되고 이후 급격한 변화를 경험하게 되었다. 조선은 더 이상 세계사의 조류에서 벗어나 존재할 수 없게 되었다. 국제사회에 강제로 편입된 만큼 조선에 부여된 지위도 예속적·종속적인 것이었다.

조국의 위급한 상황은 민족의 각 성원에게 피할 수 없는 과제를 부여하였다. 우선, 제국주의 국가의 침략으로 제약을 받게 된 조선의 자주권을 회복하여야 했다. 더 나아가서는 근대화를 이룩하여 세계무대에서 정당한 대우를 받는 것이었다. 이러한 시대적 과제에 대해 각 사회집단은 다양하고 상이한 해결방안을 제시하였다.

그리하여 1881년의 신사척사운동辛巳斥邪運動, 1884년의 갑신정변甲申政變, 1894년의 동학농민전쟁東學農民戰爭 등 조선의 운명을 결정짓는 일련의 반봉건·반침략 민족운동이 전개되었다. 하지만 이러한 운동은 모두 실패로 돌아가고 한국은 결국 일본의 식민지로 전락하고 말았다.

윤기섭의 부친 기영은 한말 유학자로서 기울어져 가는 국운을 한탄하면서 학문에 전념하였다. 특히 그는 서화書畵에 능하였는데, 그의 서화를 받기 위해 각지에서 모여든 많은 묵객墨客들로 윤기섭의 집은 늘 문전성시를 이루었다고 한다. 이러한 가풍 덕분으로 윤기섭은 어린 시절부터 문중에서 설립한 사숙私塾에서 한학을 수학할 수 있었다. 그러나 불운하게도 조실부모한 그는 10세 되던 해에 강원도 철원의 부호이며 문장가였던 박초양朴楚陽에 의탁하면서그 문하에서 공부하였다.

보성학교 제3회 졸업기념(1910. 3. 13)

윤기섭은 성장하면서 동학농민전쟁을 비롯한 갑오경장, 대한제국 수립, 러일전쟁·을사늑약·군대해산 등 풍전등화와 같은 한국근대사의 파동을 지켜보았고 그때부터 남다른 애국심을 길렀다. 그는 또 우리나라가 일제의 지배를 벗어나기 위해 오직 후세에 대한 교육뿐이라는 굳은 신념을 가지게 되었다. 이러한 신념은 오산학교부터 시작되는 그의 교육을 통한 구국운동가적 생애에 중요한 밑거름이 되었다.

민족사학 오산학교에서 교편을 잡다

철원의 박초양 문하에서 한학을 공부한 윤기섭은 보성중학교普成中學校에 제1회로 입학하여 남달리 명석했던 그는 보성학교를 수석으로 졸업하였다. 이때가 한말의 명운이 다해가던 1909년이었다. 보성중학교는 1906년 8월 이용익李容翊이 설립한 명문 사립학교였다. 이용익은 대한제국 황실의 재정을 관장하고 고종의 측근으로 활동하던 민족의식이 깊은 인물이었다. 윤기섭의 초기 민족의식은 이곳 보성학교에서 본격적으로 배양되기 시작하였다.

보성학교 재학 중 윤기섭은 자신의 은사였던 박초양의 장녀 반남 박씨(1885년 생)와 결혼하였다. 결혼 후 1909년 장남 경로慶老가 태어났다. 하지만 윤기섭이 보성학교에 재학 중이었고, 졸업한 뒤에는 곧바로 평북 정주定州의 오산학교五山學校 교사로 부임하였기 때문에 실제로 가족들과 함께 한 것은 장남이 태어났을 때 철원의 처갓집에서 잠깐 있었던 것이 거의 전부였다. 윤기섭은 그 후로도 줄곧 가족들과 떨어진 채 오산학교와 신민회에서 활동하다가 중국으로 망명하였다.

1909년 보성학교를 졸업한 윤기섭은 교육사업을 통한 국권회복운동에 투신하기로 결심하고 평북 정주의 명문 사립 오산학교의 교사로 부임하였다. 오산학교는 안창호安昌鎬의 연설을 듣고 감동한 이승훈李昇薰이 당시 전국적으로 번져가던 애국계몽운동愛國啓蒙運動 일환으로 설립한 학교였다. 이승훈은 1907년 12월 24일 평안북도 정주군 갈산면 익성동의 경의재 또는 승천재라 불리던 옛 건물을 수리하여 김도태·이윤영 등 일

곱 명의 학생으로 오산학교를 개교하였다. 오산학교는 안창호가 신민회 외곽단체로 평양에 설립한 대성학교大成學校와 마찬가지로 민족운동의 인재양성과 국민교육의 교사 양성을 교육목표로 하는 대표적인 민족사학이었다.

초대 교장으로 정주의 유림 대표인 백이행을 모셨지만, 실제 학교 운영은 이승훈이 맡아서 했다. 교사로는 여준呂準과 서진순徐進淳이 있었다. 특히 여준은 후일 윤기섭이 서간도 신흥무관학교에서 활동할 때 교장으로 재직했던 인사로 서간도 독립운동의 거목이었다. 오산학교에서는 수신·역사·지리·산수·법제·경제·체조·훈련을 가르쳤으며, 학생들은 모

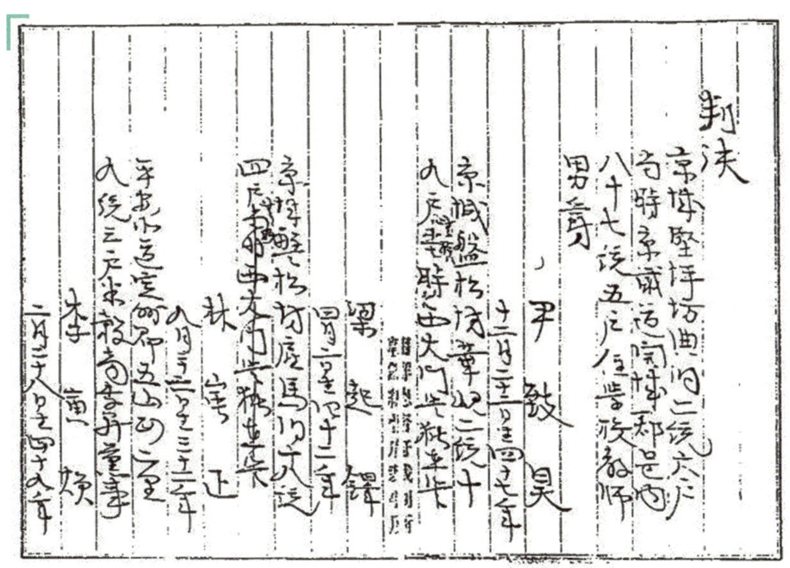

105인사건 판결문 중 일부

두 기숙사에서 생활했다. 학생수는 80명 정도였는데, 매일 아침 운동장에 모여 애국가를 부르고 민족의식을 고취하는 훈화를 듣는 것으로 하루 일과를 시작했다. 1908년 학생들이 모여들자 성적을 기준으로 하여 갑·을·병의 3개 반을 편성했다.

윤기섭이 오산학교에 부임한 것은 오산학교가 개교 직후 막 자리를 잡아가기 시작하고 있던 초창기였다. 그는 1909년 5월부터 1911년 5월까지 2년간 오산학교의 교사로 재직하면서 애국계몽서적을 교재로 활용하여 신학문을 후학들에게 전수하는 데 진력하였다. 뿐만 아니라 그는 야학당夜學堂도 개설하여 청말 애국사상가인 양계초梁啓超의 『음빙실자

유기飮氷室自由記』를 비롯하여 『애국부인전愛國婦人傳』·『월남망국사越南亡國史』 등 애국심을 고취시키는 책들을 후학들에게 널리 가르쳤다.

이승훈은 학교에 교회를 두고 기독교 정신으로 학생을 가르쳤다. 교회를 활용하여 일제의 탄압을 피해보려는 일종의 방패막이었다. 윤기섭이 '소본 성경' 한 권을 들고 서간도로 망명하였다는 『독립신문』의 기사 내용을 볼 때, 이미 오산학교 시절 기독교를 신앙으로 수용하였던 것으로 보인다.

그러나 1911년 2월 '안명근사건'과 뒤이어 터진 '105인사건'으로 이승훈 등이 구속되어 옥고를 치르면서 오산학교는 어려움에 처하게 되었다. 오산학교의 재정난과 일제 탄압은 윤기섭의 망명을 서두르게 하였다. 그가 오산학교에서 교육자로 지낸 2년 동안의 경험은 이후에 신흥무관학교 및 인성학교에서 교육구국운동을 펼칠 수 있는 원동력이 되었다.

신민회에서 애국계몽운동에 앞장서다

윤기섭은 오산학교 교사로 재직하고 있을 무렵 신민회新民會에 가입하였다. 그가 신민회에 가입하게 된 데에는 신민회 계열에서 설립한 오산학교의 학풍이나 신민회의 평안북도 총감이자 오산학교 교장으로 재직하고 있던 이승훈의 영향이 컸던 것으로 보인다.

일본은 러일전쟁에서 승리한 후 1905년 11월에 우리나라를 강압하여 '을사늑약'을 체결하고 외교권과 국권을 박탈하여 한국을 이른바 '보호국'으로 종속시켰다. 곧이어 일제는 1906년 2월에 통감부統監府를 설치하고 약 2개 사단 규모의 일본군을 주둔시켜 한국을 반半식민지로 통치하기 시작하였다.

우리 민족은 즉각 이에 저항하여 국권회복운동을 전개하였다. 당시 우리 민족의 국권회복운동은 의병운동義兵運動과 애국계몽운동의 양면에서 전개되었다. 의병운동은 일제에게 국권을 빼앗긴 이상 패하여 죽더라도 총을 들고 싸워야 한다고 결의한 무장항쟁이었다. 이 운동은 승패를 초월하여 일제에게 즉각적인 결전을 요구한 것이며, 패전까지도 각오한 것이었다.

반면 애국계몽운동은 당시 우리 민족의 힘이 일본 제국주의 세력보다 훨씬 열세라는 사실을 객관적으로 인식한 민족주의 지식인들이 국권회복이라는 장기전에서 '최후의 승리'를 거두기 위하여 전개한 실력양성운동이었다. 애국계몽운동에는 1905년 이전에 개화운동을 주도하던 민족주의자들이 주로 참여하였다.

국권회복을 위한 애국계몽운동의 기본 전략은 국내에서는 국민을 교육·계몽하여 민족 내부의 실력을 기르는 한편, 국외에서는 국경 부근에 독립군기지를 설치하여 독립군을 양성하는 것이었다. 그럼으로써 장차 발발할 가능성이 있는 미일전쟁 혹은 중일전쟁이라는 절호의 기회를 포착하여 독립군이 국내로 진입하여 독립전쟁을 일으켜 우리 민족의 힘으로 일거에 일본 제국주의를 몰아내고 국권을 회복한다는 것이었다.

애국계몽운동에는 국민들이 광범위하게 호응하고 참가하였기 때문에 1906년에서 1910년까지 짧은 기간에 실로 크고 많은 성과를 내었다. 이 운동을 전개한 단체는 매우 많았으나, 전국 규모의 단체는 신민회가 가

장 대표적인 것이었다. 신민회는 1907년 4월 양기탁梁基鐸과 안창호 등
이 중심이 되어 창립되었다. 신민회는 창립과 더불어 약 400명의 회원
을 확보하였는데, 1910년 경에는 800명에 달하였다. 당시 애국계몽운
동의 지도자들은 거의 모두가 신민회의 비밀회원으로 가입했기 때문에
신민회는 창립되자마자 애국계몽운동을 배후에서 지도하는 가장 강력
한 비밀결사가 되었다.

　신민회가 국권을 회복하고 새로운 국가를 건설하기 위한 민력양성의
방법으로서 가장 심혈을 기울인 운동이 신교육을 통한 구국운동이었다.
교육구국운동은 신민회 창립 직후부터 시작되었다. 그러나 이 운동이
열정적으로 불붙고 전국적으로 신교육열이 절정을 이룬 것은 1907년 이
후였다. 이때부터 신민회의 고취와 지도에 힘입은 민중들이 자신의 전
답을 팔아서 자발적·경쟁적으로 전국 방방곡곡에 무수한 신식학교를 설
립하였다.

　신민회는 민중이 설립한 학교의 교육방침을 지도하였을 뿐만 아니라
나아가 스스로 전국의 중요지역에 학교를 세워 신교육운동의 영향력을
확대하고자 하였다. 윤기섭이 교사로 재직하였던 평북 정주의 오산학교
도 신민회가 이러한 목적으로 설립한 주요 학교 가운데 하나였다.

　신민회의 교육운동에서 가장 활발하게 전개된 운동은 학회활동과 계
몽강연이었다. 이는 신민회의 취약점 중 하나인 재정 부족의 제약을 비
교적 적게 받고 전개할 수 있었을 뿐만 아니라 신민회의 활동 가운데서
도 큰 성과를 낼 수 있었다. 계몽강연은 신민회 회원들이 각종 학회의
통상회通常會·토론회·강연회·친목회나 학교·교회, 그리고 운동회와 각

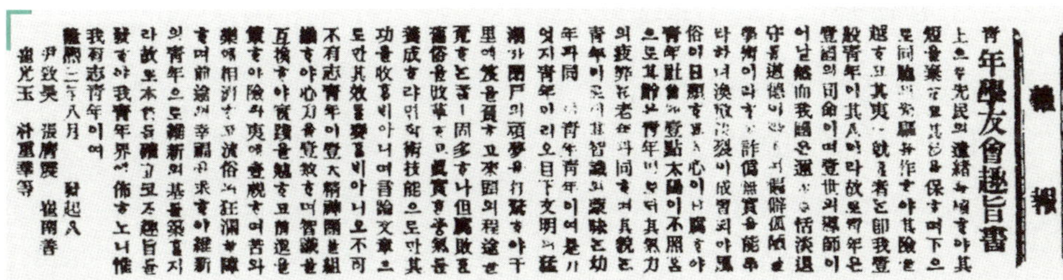

청년학우회 취지서(『대한매일신보』 1909. 8. 17)

종 집회를 활용하였다. 이들은 사립학교연합운동대회 개최를 계기로 계몽강연을 실시하는 등 민지계발에 노력했다.

신민회는 계몽강연을 통하여 애국주의·국권회복 이념·민권사상·교육구국·학교설립 같은 것을 고취하였다. 이러한 계몽강연에는 신민회 간부들이 매우 광범위하게 참가하여 활동했다. 당시 많은 민중들이 신민회 회원들의 계몽강연을 듣고 감동하여 국권회복운동에 앞장섰다. 또한 무수한 청소년들이 감화를 받아 후일 독립운동 대열에 참여하게 되었다.

당시 신민회 간부들의 계몽강연 가운데 민중을 감동시키는 웅변으로 유명했던 사람은 안창호·이동휘李東輝·전덕기全德基·최광옥崔光玉·윤치호尹致昊·이상재李商在·안병찬安秉瓚·여준·윤기섭 등이었다. 이 가운데 윤기섭은 최연소 연사였다. 당시 20대 초반의 청년 애국지사 윤기섭이 계몽강연의 현장에서 쟁쟁한 선배 독립운동가들과 어깨를 나란히 하였던 것이다. 그는 계몽강연회에서 안창호·이동휘 등 기라성 같은 선배 독립운동가들에게 전혀 위축되지 않고 당당하게 사자후를 토하였다. 이러한 그의 연설 실력은 이후 서간도 신흥무관학교와 상해 임시정부에서 정력적이고도 대중을 감동시키는 연설을 할 수 있는 기초를 마련해주었다. 덕분에 그는 서간도의 신흥무관학교·한족회와 상해 임시정부에서 안창호나 여운형呂運亨 못지 않게 각종 강연회·연설회의 연사로 많이 참여하여 대중들의 독립정신을 고취할 수 있었다.

한편 윤기섭은 신민회가 전개한 청년운동에도 활발하게 참여하였다. 당시 신민회는 산하에 청년학우회靑年學友會를 창립하여 청년운동을 전개하고 있었다. 청년학우회는 1909년 8월 윤치호·최남선崔南善·박중화朴重華 등이 설립한 신민회의 외곽단체였다. 국권회복을 위한 민족운동의 주체가 민족 전체인 것은 사실이지만 핵심체로서 선봉에 서야 하는 것은 청년층이라는 인식에서 신민회는 다방면에 걸친 사업 가운데 청년운동을 독립시켜 비밀결사가 아닌 합법적인 결사로 추진시켰다.

1909년 8월 윤치호 등 12인의 발기로 창립된 '청년학우회취지서'에서 신채호는 유신維新 사회를 창조하는 청년 정신단 조직의 필요성을 강조하였다. 이렇게 청년학우회가 표면적으로 인격 수양 단체임을 내세운 것은 일제의 감시를 조금이라도 약화시켜 보자는 의도에서였을 뿐 사실상 청년학우회는 구국을 위한 청년운동단체였다. 그렇기 때문에 입회는 매우 까다로운 절차를 통해 이루어졌다.

또한 청년학우회는 서울만이 아닌 지방과 연합을 도모하였는데, 이것을 통해 청년들을 전국적인 연대조직으로 묶으려 하였다. 이러한 지방연회의 설립을 위해 전문 9조로 된 '청년학우회 지방연회 설립규칙'이 제정되었다.

청년학우회 조직 가운데 윤기섭은 한성연회漢城聯會에 참여하여 활동하였다. 1909년 박중화 등 30여 명의 설립 지원자가 지방연회 설립위원회에 한성연회 설립 신청서를 제출하였다. 이에 따라 시찰위원 최광옥이 한성연회를 심사한 결과 이듬해인 1910년 3월 12일 정식으로 한성연회에 대한 인허장이 교부되었다. 한성연회는 곧바로 총회를 열어 27명이 참석한 가운데 임원 선출에 들어갔다.

회장에 조병학趙炳學, 부회장에 노기숭盧基崇, 총무에 이동녕이 임명되었고, 윤기섭은 최남선·박중화·박찬익朴贊翊·김인식金仁湜·옥관빈玉觀彬·장도순張道淳·이상익李相益·김도희金道熙·이회영李會榮 등과 더불어 의사원議事員에 선출되었다. 의사원은 본회의 중요사항을 결의하는 일종의 의결기구 역할을 수행하였다.

청년학우회 한성연회는 대중강연회 외에도 음악회를 열기도 하였고, 한성연회 도서종람소圖書縱覽所를 설치하여 여러 곳으로부터 도서를 기증받아 도서관을 개설하기도 하였다. 그리하여 한성연회의 조직은 계속 확대되어 갔다.

이렇게 윤기섭은 정주와 서울을 오가며 오산학교 및 신민회·청년학우회 활동을 정력적으로 전개하는 등 1인 2역의 역할을 수행하였다. 이때 윤기섭과 함께 청년학우회 한성연회의 의사원으로 활동한 이동녕·이회영 등 인사들은 일제의 한국강점 이후 서간도로 망명하여 신흥무관학교를 설립하는 주체세력이 되었다.

신흥무관학교와 독립군 양성

독립운동을 위해 서간도로 망명하다

1910년 8월 일제가 국권을 완전히 강탈해 나라가 망했다는 소식이 전해졌다. '경술국치庚戌國恥'에 즈음하여 윤기섭은 방성통곡放聲痛哭하고 국외 망명을 결심하였다. 그의 국외 망명은 신민회가 일찍이 수립한 국외 독립운동기지건설운동에 따른 것이었다.

나라를 빼앗긴 지 1년만인 1911년 8월 마침내 윤기섭은 일제로부터 독립을 쟁취하기 위한 장기전을 준비하기 위해 서간도西間島로 망명하였다. 압록강을 건널 때 일경에게 체포되어 모진 고문을 당하기도 하였다. 우여곡절 끝에 그는 이회영·이시영·이상룡·이동녕·김동삼 등 신민회 계열 선배 독립운동가들이 터전을 닦기 시작하던 서간도에 망명하기에 이르렀다. 그에게 망명은 국권회복을 위한 시험무대이자 결단이었다.

서간도 독립운동기지 개척자들
이시영 · 이상룡 · 이동녕 · 김동삼

1910년 한반도가 일제에 의해 강점되자 조국을 되찾으려는 운동이 여러 형태로 전개되었다. 그 가운데 가장 호응을 얻었던 것이 국외 독립운동 및 독립군기지건설운동이었다.

1905년 강압적으로 을사늑약 체결되자 국외에 독립운동기지를 건설하려는 운동이 일어나기 시작하였다. 이후부터 나타났다. 그것은 일제의 병탄이 노골화된 1908년부터 1910년 사이에 활기를 띠었고, 망국을 전후하여 곧바로 실행에 옮겨졌다. 국외독립운동기지건설운동은 미주지역에서도 박용만朴容萬 등에 의하여 추진되었지만, 기지 건설의 용이성·규모나 국내에 대한 영향력 등 직접적인 효과면에서 러시아와 만주의 접경지대나 북간도北間道의 오지와 서간도지방이 중요시되었다.

신민회가 국외 무관학교 설립과 독립군기지 건설을 본격적으로 논의한 것은 1909년 봄이었다. 총감독인 양기탁의 집에서 전국 간부회의를 열고 국외에 적당한 후보지를 골라 무관학교를 세우고 독립군기지를 만들어 대일전에서 이길 수 있는 강력한 독립군을 양성하기로 뜻을 모았

다. 그런데 이 사업이 실행에 옮겨지기 전에 안중근 의사가 하얼빈역에
서 이토 히로부미伊藤博文를 총살하였다. 일제는 안중근의거와 관련된 인
물로 안창호·이동휘·유동렬柳東說 등 다수의 신민회 간부를 구속해 심문
한 후 1910년 2월에야 석방하였다.

1910년 3월 신민회는 긴급 간부회의를 열어 침략자 일제를 몰아내기
위한 최선의 방법은 독립전쟁임을 선포하고 이전에 계획했던 무관학교
설립과 독립군기지건설운동을 본격적으로 추진하기 시작하였다. 이때
결정한 독립군기지건설운동과 독립전쟁 추진 전략은 다음과 같다.

첫 째, 독립군기지는 일제의 통치력이 미치지 않는 중국의 만주 일대에
　　　구축하되 후일 독립군의 국내 진입에 가장 편리한 지대를 최적지
　　　로 한다.
둘 째, 최적지가 선정되면 자금을 모아 일정한 면적의 토지를 구입한다.
　　　필요한 자금은 국내에서 신민회 조직을 통해 비밀리에 모금하며
　　　이주민에게도 어느 정도의 자금을 휴대하도록 한다.
셋 째, 토지를 구입하면 국내에서 애국인사들과 애국청년들을 계획적으
　　　로 단체 이주시켜 신영토로서 신한민촌新韓民村을 건설한다.
넷 째, 새로 건설된 신한민촌에는 민단民團을 조직하고 학교·교회와 기타
　　　문화시설을 세우는 한편 무관학교를 설립해 문무쌍전교육을 실시
　　　해 사관을 양성한다. 무관학교에서 독립군 사관이 양성되면 이들
　　　과 이주 애국청년들을 중심으로 강력한 독립군을 창건한다. 독립
　　　군 장교는 현대적 장교훈련과 전략 전술을 습득한 무관학교 출신

사관으로 편성하며, 병사들에게도 역시 모두 무관학교에서 현대 군사교육과 전략전술을 익히는 군사훈련을 실시한다.

다섯째, 강력한 독립군이 양성되면 최적의 기회를 포착해 독립전쟁을 일으켜 국내에 진입한다. 최적의 기회는 일본 제국주의의 힘이 더욱 커지고 침략 야욕이 팽배해 만주나 태평양지역까지 집어 삼키려고 할 때 불가피하게 일어날 중일전쟁·러일전쟁·미일전쟁이 일어났을 때로 한다. 이 기회를 포착해 국외에서는 양성한 독립군을 국내로 들여보내고 국내에서는 신민회를 주체로 내외에서 호응해 일거에 일제를 물리치고 국권을 회복한다.

이와 같이 독립군기지건설운동은 무력을 양성하는 데 기본 목표를 두었다. 그러면서도 이들은 무력 양성 못지않게 경제력을 포함한 총체적인 실력 양성을 중시했고, 그와 함께 반드시 근대적 교육과 함께 의식의 개혁이 뒤따라야 한다고 판단하였다.

또한 이들이 세우려는 국가는 주체세력에 따라 그 위상에 편차가 있었지만 전통 왕조로 되돌아가자는 것이 아니었다. 이들은 군사력 양성에 심혈을 기울이면서 아울러 새 국가를 건설할 수 있는 제반 실력을 쌓고 무엇보다도 분발하고 각성하여 날로 의식이나 정신을 새롭게 함으로써 일제가 중국이나 러시아·미국 등과 전쟁을 벌일 때, 또는 일제가 혁명이나 내전으로 위태로운 상황에 빠질 때, 대대적인 독립전쟁을 벌이고 독립운동을 펼쳐야 한다는 전략을 세우고 있었다.

신민회는 이 전략을 추진하기 위해 1910년 4월 안창호·이갑·유동

서간도 독립군기지가 건설된 유하현 삼원포

렬·신채호·이종호·김지간 등의 인사들을 만주에 파견해 여러 지역을 시찰하였다. 가을에는 이동녕·주진수 등이 물색된 지역을 비밀리에 답사해 후보지를 결정하기에 이르렀다. 그리고 12월부터 이회영·이동휘 등을 선발대로 출발시켜 독립군기지운동사업을 추진하였다.

최종적으로 독립운동기지로 결정된 지역은 중국 길림성 유하현柳河縣 삼원포三源浦였다. 유하현은 한국의 만포 대안인 집안현에서 북쪽으로 올라가 통화현通化縣을 지나야 닿을 수 있는 지역이었다. 세 지역에서 흘러온 물이 합쳐지는 곳이라고 하여 삼원보三源堡로도 불렸던 삼원포는 신민회계열이 정착하면서 서간도 독립운동 및 독립군기지건설운동의 요람이 되었다. 윤기섭이 망명하였던 곳은 바로 이곳 삼원포였다.

1910년대 국외 여러 곳에 독립운동 및 독립군기지가 건설되었던 것은 주지하는 바와 같다. 러시아와 만주의 국경지대인 흥개호興凱湖 부근에 있는 봉밀산蜂密山, 만주 북간도 왕청현汪淸縣에 위치한 나자구羅子溝 등지에도 세워졌고, 러시아의 블라디보스토크에서 조직된 권업회勸業會, 북간도의 간민회墾民會가 있었다. 하지만 서간도 유하현에 세워진 경학사耕學社와 신흥무관학교新興武官學校가 가장 널리 알려졌고 또 역동적인 활동을 전개하였다.

독립군기지 건설을 추진하다

1910년 말부터 이시영·이동녕·김동삼 등 신민회 간부들이 서간도로 이주하기 시작하였다. 서간도에서 신민회 간부들은 장차의 항일 독립운동에 대한 방략과 재만 한인의 교육·산업·권리 문제에 관해 여러 차례 논의하였다. 그 결과 1911년 늦봄 유하현 삼원포 고산자孤山子에서 노천 군중대회를 거쳐 경학사를 조직하기에 이르렀다. 경학사가 막 설립되어 활동을 시작할 무렵에 윤기섭도 삼원포에 도착, 조직에 가담하였다. 경학사를 이끌어갈 초대 사장에는 안동 출신의 혁신유림 이상룡이 추대되었다. 그리고 하부 조직으로 내무·농무·재무·교무 등 4개 부서를 두었다.

경학사는 서간도지역에서 신민회 계열 민족운동세력이 최초로 공화적 민족주의에 입각하여 결성한 독립운동단체이자 서간도 독립운동의 효시였다. 하지만 경학사는 이후의 부민단扶民團이나 한족회韓族會처럼 처음부터 일정한 지역에 거주하는 이주민 모두를 대상으로 하여 조직한

주민자치기관은 아니었다. 서간도 이주 한인들을 위하여 농업 등 실업과 교육을 장려하고, 군사훈련을 시키기 위해서 뜻을 같이 하는 동지들이 만든 결사라는 성격이 강했다.

경학사와 병행하여 설립된 신흥무관학교는 군사적 성격을 띤 기관으로 경학사 활동을 뒷받침하는 것이었다. 경학사 이래 부민단·한족회로 이어지는 서간도 한인자치기관과 신흥무관학교는 일심동체나 마찬가지였다.

경학사는 활동 지역이 엄연히 남의 땅인 서간도지역으로 중국의 법률적 지배가 존재하고 있었기 때문에 처음부터 말할 수 없는 어려운 문제를 안고 있었다. 무엇보다 이들 단체의 운영을 위한 경제적인 문제를 해결하는 것이 가장 시급하였다. 이를 해결하기 위해 경학사와 신흥무관학교에 병농제兵農制를 실시하여 근로와 군사교육을 병행하도록 하였다.

그후 경학사가 여러 차례의 천재지변과 풍토병으로 제 구실을 못하게 되면서 민족운동 지도자들은 근거지를 유하현 삼원포에서 남쪽으로 약 90리 떨어진 통화현 합니하哈泥河로 이전하였다.

1915년 말경 이곳에서는 경학사의 정신을 이어받은 제2대 자치단체 부민단(부여 강토에서 부여 유민이 부흥 기지를 세운다는 뜻)을 조직하였다. 본부에는 서무·법무·검무·학무·재무 등의 부서를 두고 총장이 이를 총괄하게 하였다. 초대 총장은 허혁許赫이 맡았다가 그의 뒤를 이어 이상룡이 총장이 되었다. 부민단은 경학사와 달리 합니하에 중앙기관을 설치하고 여기저기 흩어져 거주하는 한인들을 총괄적으로 지도하기 위해 지방조직을 만들었다.

부민단은 6천 명 이상의 서간도 한인을 관장하여 자치를 하면서 보

경학사가 설립되었던 유하현 대고산

부민단이 설립되었던 통화현 합니하

호하고 부조하였다. 행정사무뿐만 아니라 상호간에 발생한 사고에 대한 사법처리까지 담당한 명실상부한 자치기관이었다. 그와 함께 중국인과 관계된 사건에도 개입하여 중국 관민으로부터 한인의 권리를 지켰다.

부민단의 중요 사업 가운데 하나는 고국에서 오는 동포를 맞이하여 정착시키는 일이었다. 이주민이 오면 이들을 현지 중국인에게 안내하여 농경지와 토지 개간 조건 등을 교섭하고 집을 배당해주어 그들이 완전히 정착할 때까지 보살펴주었다.

3·1운동 직후인 1919년 4월 초 부민단은 한족회로 재탄생하였다. 3·1운동이 국내외 각처에서 일어나자 서간도에서는 이를 천재일우의 기회로 판단하여 독립선전과 자금모집에 총력을 기울였다. 서간도 한인들은 곧 독립이 달성될 것으로 믿고 4월 상순까지 만세를 고창하고 축연을 잇달아 개최하였다. 이와 같이 고조된 정세하에서 서간도 지역 지도자와 각 단체 대표가 삼원포에 모여 협의한 결과 각 단체를 해체하고 하나의 대단위 단체를 만들어 그 단체 중심으로 서간도 독립운동기지를 이끌어가기로 하였다. 그리하여 조직된 것이 한족회였다.

한족회는 중앙조직과 지방조직을 두고 중앙에는 총장을, 지방에는 총관을 임명하였다. 중앙에는 서무·외무·법무·학무·재무·군무 등 조직을 분담해 효율적으로 운영하고자 하였다. 한족회의 중앙 총장에 이탁, 법무부장에 이진산李震山, 재무부장에 안동원安東源 등이 선임되었다. 그동안 신흥무관학교 운영에 전념하고 있던 윤기섭은 이때 학무부장에 선임되었다.

한족회는 서간도의 유하·통화·해룡·임강·집안·환인·흥경현 등의

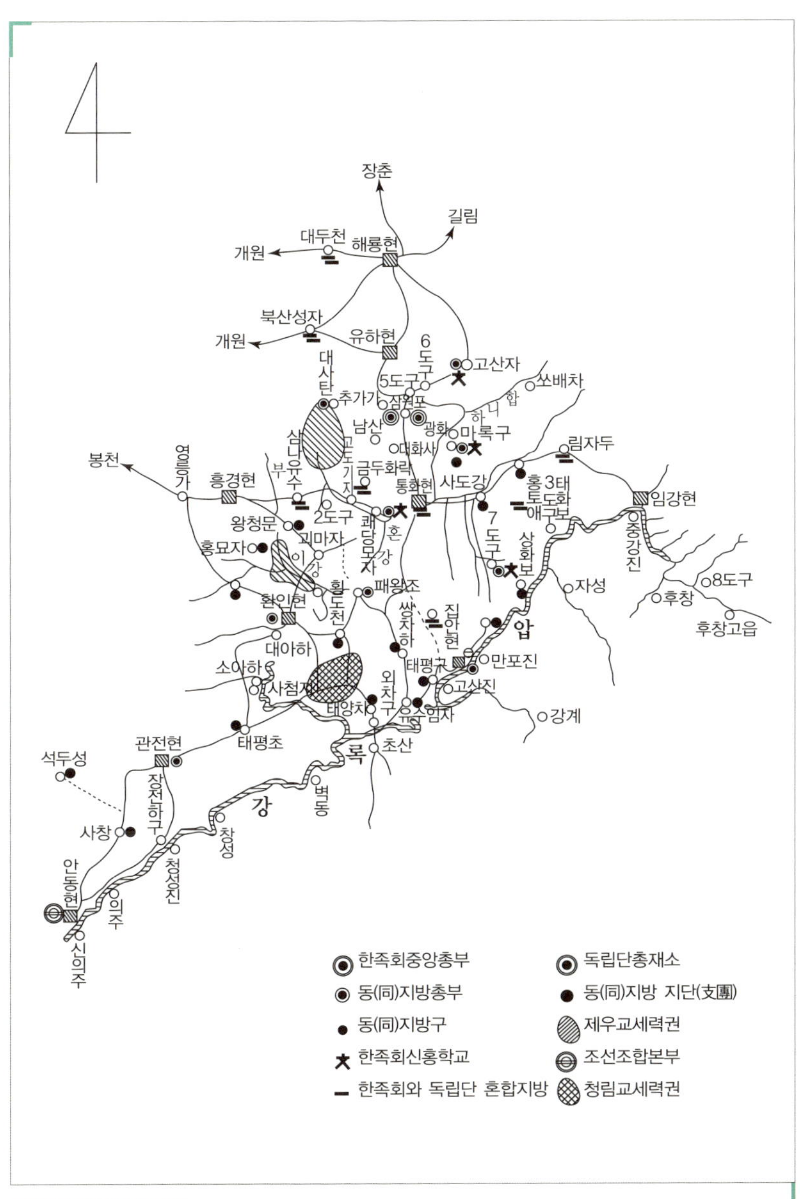

장춘
길림
개원
대두천
해룡현
북산성자
개원
유하현
6도구
고산자
쏘배차
5도구
대사탄
추가가
삼원포
하니합
남산
광화
마록구
섬니유부수
대화사
림자두
봉천
영을가
흥경현
고도기자
금두화락
통화현
사도강
홍토도화
3태
애구보
왕청문
2도구
쾌당모자
혼강
7도구
상화보
홍묘자
괴마자
이강
중강진
환인현
활도천
패왕조
집하현
압
8도구
자성
후창
대아하
쌍차하
만포진
후창고읍
소아하
사첨자
태평구
고삼지
외차구
유림자
강계
태양차
석두성
관전현
태평초
록
초산
장전하구
벽동
강
사창
창성
안동현
의주
청성진
신의주

한족회중앙총부
독립단총재소
동(同)지방총부
동(同)지방 지단(支團)
동(同)지방구
제우교세력권
한족회신흥학교
조선조합본부
한족회와 독립단 혼합지방
청림교세력권

한인 이주민 1만여 호(약 6만 명)를 토대로 하여 구성되었다. 한족회는 본부를 합니하에서 다시 삼원포로 이전하였다. 3·1운동으로 고양된 분위기 속에서 한족회는 중국 당국의 묵인하에 많은 활동을 하였다. 군사훈련·무기구입·자금조달 등에 힘쓰면서 기관지 『한족신보韓族新報』와 『신흥학우보新興學友報』 등을 발간 배포하여 사상 선전·지식 계발·문화 향상 등에도 많은 노력을 기울여 대중으로부터 큰 환영을 받았다.

한족회는 일종의 임시정부인 군정부軍政府를 조직하였다. 3·1운동으로 열기가 고조됨에 따라 서간도를 근거지로 하여 해외 독립운동단체를 대표하는 임시정부를 수립하려고 하였던 것이다. 하지만 국내의 한성정부, 상해의 임시정부, 연해주의 국민의회 등이 속속 수립됨으로써 한족회가 서간도에 망명정부를 표방하려는 계획은 차질이 생겼다. 상해 임시정부와 교섭하는 과정에서 임시정부는 상해에, 독립군을 지휘할 군정부는 서간도에 두기로 합의하면서 서간도의 군정부는 이름을 서로군정서로 바꾸고 상해 임시정부 편입을 결정하였다. 그리하여 서로군정서는 북간도의 북로군정서와 마찬가지로 임시정부 산하에서 독립전쟁을 수행하는 역할을 담당하게 되었다.

신흥무관학교에서 독립군을 양성하다

서간도 유하현에 기지를 건설하기 시작한 이회영·이동녕·이상룡 등은 독립군 양성기관 설립을 위한 개간사업에 착수하였다. 그리하여 1911년 5월 14일 삼원포 추가가鄒家街에 국권회복에 나설 청년들의 군사

유하현 삼원포 추가가의 신흥무관학교 자리

교육을 위한 신흥무관학교를 설립하였다.

　신흥무관학교의 신흥新興이란 신민회의 '신新' 자와 다시 일어나는 구국투쟁이라는 의미를 살려 '흥興' 자를 붙인 것이다. 신민회를 강조한 것은 해외독립운동기지 설치와 무관학교 창설안이 신민회에서 처음 발의되었고, 사실 신흥무관학교는 신민회가 활동 영역을 해외로 넓히면서 만들어졌기 때문이다.

　신흥무관학교가 처음 설립될 당시의 대외적인 명칭은 신흥강습소新興講習所였다. 대외 명칭을 학교보다 등급이 낮은 강습소라고 한 것은 현지 중국 당국과 일제 관헌의 의혹을 피하기 위한 것이었다. 비록 대외적 또는 공식적으로는 한 번도 '신흥무관학교'라고 표방한 적이 없었지만 독립운동가나 학생들은 대체적으로 이 학교를 '신흥무관학교'라고 불렀다. 간혹 '신흥학교'나 '병학교兵學校'라는 명칭도 사용하였다.

처음 신흥무관학교는 토착민들의 비협조로 허술한 빈 창고에서 교육을 시작하였다. 다음 해인 1912년 7월에는 합니하에 새로운 교사를 신축하여 낙성식을 가졌다. 학교에는 교실·강당·교무실 그리고 병사兵舍가 세워졌다. 이로써 신흥강습소는 일정하게 군사훈련을 시키고 중등교육과정을 가르치고 군사과를 부설하여 학교로 발전하게 되었다. 비로소 무관학교다운 시설을 갖추게 된 데에는 이회영 등 경학사 지도부의 절대적인 공로가 있었다. 광활한 토지를 매수하고 학교 건물을 세우기 위해서는 방대한 경비와 수많은 인력이 소요되었다. 무관학교 건립 비용은 이회영·이시영 등 가문의 6형제 중 둘째인 이석영李石榮의 소유전답 6,000석 토지를 매각한 돈으로 충당하였다.

신흥무관학교는 3·1운동 이후 커다란 변화를 맞이하게 되었다. 3·1운동 전후 고조된 독립운동 열기에 부응하기 위해 조직된 한족회는 신흥무관학교를 확충하기 시작하였다. 독립운동열이 고양되자 각지에서 청년들이 신흥무관학교로 몰려들기 시작했고 이들을 받아들이는 데는 천험의 요새이기는 하지만 지리적으로 외진 곳에 있는 합니하로는 불충분하였기 때문이다. 한인이 많이 살고 있고 교통이 편리한 삼원포 고산자 부근으로 본부를 이전하고 무관학교를 늘려 군사교육을 대폭 확대하고자 하였다. 그래서 신흥무관학교 본교를 고산자 부근의 하동河東 대두자로 옮기고, 합니하 신흥무관학교는 분교로 두었다. 그리고 얼마 후에는 통화현 7도구 쾌대무자快大茂子에도 분교를 두게 되었다.

서간도지역 항일무장투쟁을 이끌어 간 이청천, 김경천, 신팔균(왼쪽부터)

신흥무관학교는 고산자로 본교를 옮긴 후 전보다도 더 군사교육에 치중하였다. 특히 1919년 여름에는 일본 육군사관학교 출신인 이청천李靑天 등이 교관으로 오면서 신흥무관학교는 더욱 활기를 띠게 되었다. 이들이 일본군을 탈출하여 독립운동 진영에 가담한 것은 특히 청년들에게 크나큰 감명을 주었다. 신흥무관학교는 국내에서 탈출해오는 애국청년들, 재만 동포 청년들과 심지어 과거 의병활동에 참여했던 노년층까지 몰려들어 성황을 이루었다.

신흥무관학교의 초대 교장은 신민회 임원이었던 이동녕이 취임하였고, 교감에 김달, 학감에 윤기섭이 임명되었다. 그외 교사로는 이갑수·장도순·김무칠 등이었다. 군사교육을 담당할 교관으로는 김창환·이장녕·양성환·이관직 등이 임명되었다.

교과목은 국문·역사·지리·수학·수신·외국어·창가·박물학·물리학·화학·도화·체조 등이었다. 이 가운데 역사는 이상룡이 망명을 준비

하면서부터 수집한 사료를 토대로 집필한 『대동역사大東歷史』를 교재로
사용하였다. 이 책에서는 한국 역사의 계통을 고조선-부여-고구려-발
해 중심으로 체계화시켜 한민족의 원류를 만주 중심으로 삼게 하였다.
장차 만주에서 전개될 독립운동이 우리 역사의 중심 터전에서 이루어지
는 것이며 역사적으로 당위성을 갖고 있음이 강조되었다.

윤기섭은 신흥무관학교의 학감 및 교장으로 재직하면서 독립군 양성
을 위하여 불철주야로 진력하였다. 그 당시 윤기섭이 학생들을 위해 얼
마나 정성을 다하고 교육자로서 귀감이 되었는지는 신흥무관학교 출신
들의 회고에서 잘 드러나고 있다. 이 학교를 졸업하고 교관을 지낸 원병
상元秉常은「신흥무관학교」라는 글에서 다음과 같이 회고하고 있다.

새벽 6시에 기상나팔 소리 '또-또-따-' 잠든 생도들의 귓전을 울리면 각
내무반의 생도들은 일제히 일어나 신변 환경을 정리하고 3분 이내에 복
장을 단정히 하고, 각반 차고 검사장에 뛰어나가 인원 검사를 받은 다음
보건체조를 한다. 눈바람이 살을 도리는 듯한 혹한에 아침마다 윤기섭 교
감이 초모자를 쓰고 홑옷 입고 나와서 점검하고 체조를 시키면서도 그 활
기찬 목소리에 그 늠름한 기상과 뜨거운 정성이 아직도 잊혀지지 않는다.
이 체조가 끝나고 청소와 세면을 마치면 각 내무반 별로 취식 나팔 소리
에 따라 식탁에 나가 둘러앉는다. …… 이상과 같이 애국가 부르는 생도
들 앞에 여呂 교장은 양쪽 눈에 망국한의 뜨거운 눈물을 방울방울 흘려 이
무관학교의 교훈을 얼룩지웠다. 윤(윤기섭-필자) 교감의 교육 지침은 가령
한쪽 눈이 없는 사람이라면 그를 지적해 말할 때 한쪽 눈이 있는 사람이

라고 그 사람의 장점을 들어 말해야 한다고 강조하였다. 그분의 진실하고 인자한 성격을 짐작하고도 남음이 있을 것이다. 이와 같이 교장 이하 모든 교직원의 그 일거 일동, 일언 일행이 다만 애국 정열에서 지성·궁행·실천으로 시범해 주던 그 감명은 아직도 모교의 정신에 아로새겨져 있다.

체조가 끝나고 청소와 세면을 마치면 내무반 별로 식탁에 둘러앉아 식사를 하는데, 주식은 현지 중국인들이 이삼십 년씩 창고 안에 저장해 두어 자체의 열에 뜨고 좀먹은 좁쌀이었다. 부식이라고는 콩기름에 절인 콩장 한 가지뿐이었지만, 굶지 않는 것을 다행으로 알면서 교직원이나 생도들은 함께 모여 항상 화기 애애한 가운데 식사시간을 보냈다.

이 같은 조의조식粗衣粗食과 삭풍한설에 보수도 없는 교직원은 홑옷에 초모를 쓰고, 생도들은 주린 허리띠를 졸라매면서 매일 맹훈련을 계속하였다. 특히 학생들에게 감동을 주었던 것은 윤기섭의 교육 방법이었다. 그는 가령 한쪽 눈이 없는 사람이라면 그에 대해 얘기할 때 한쪽 눈이 있는 사람이라고 그 사람의 장점을 들어 말해야 한다고 강조하였던 것이다. 그의 교육자적 소양을 잘 보여주는 일화이다.

1913년 3월 무렵 이회영·이동녕·이시영 등 서간도 독립군기지 건설에 앞장섰던 주역들이 신흥무관학교를 떠나가면서 신흥무관학교도 시련에 봉착하게 되었다. 하지만 윤기섭은 김창환金昌煥과 함께 흔들림 없이 신흥무관학교에 그대로 남아 학교와 학생들과 동고동락을 함께하였다. 이때의 어려움은 필설로 다할 수 없었다. 1914년 봄 거듭된 천재지변으로 인하여 동포들의 지원마저 끊겨 학생들은 끼니조차 잇기 어려웠다.

이러한 위기에 닥쳐 윤기섭은 김창환 등과 함께 일과 외에 황무지를 개간하거나 원근의 촌락들을 전전하며 구걸하다시피 해서 양식을 마련하기도 하였다. 윤기섭은 중국인 지주로부터 황폐한 토지를 빌려 이를 수전水田으로 개간하는 등 신흥무관학교를 정상화하는 데 피땀 어린 노력을 기울였다. 그리하여 민족학교인 신흥무관학교의 명맥은 가까스로 유지되고 그 이름이 후세에 전해질 수 있었다.

신흥무관학교와 이주민의 어려움은 기근 같은 천재뿐만이 아니었다. 당시 일제의 수탈을 피해 정든 고향을 뒤로 하고 만주 등으로 이주한 우리 동포들의 처지는 나라 잃은 국민의 서러움과 생활고로 말미암아 이루 말할 수 없는 처참한 형편에 놓여 있었다. 흉작으로 인한 굶주림과 추위, 그리고 만주지방의 풍토병은 이곳에 이주한 한인들의 생명을 위협하였다.

뿐만 아니라 동북군벌 장작림張作霖의 군대나 일본군 '토벌대'도 만주에 이주한 한인들에게 크나큰 시련을 안겨주었다. 한 번은 일제의 이간책에 교란된 장작림의 군대가 신흥무관학교를 둘러싸고 사흘만에 만주 땅을 떠나라고 명령하는 사건이 발생하였다. 이때 학교의 학감으로 있던 윤기섭은 박찬익과 함께 현지 군벌정부에 가서 사건을 원만히 해결하기도 하였다. 당시 신흥무관학교에 관여하고 있던 박찬익은 파주 출신으로 윤기섭과는 동향으로 탁월한 중국어 실력으로 만주의 군벌이나 중국 국민당의 지도부와 긴밀한 관계를 유지하면서 후일 임시정부의 대중외교를 관장하였던 인사였다.

이 외에 만주에서 기승을 부리던 마적 떼의 습격도 우리 동포를 불안

전만주 신흥학우단 부활기념 사진

하게 하였다. 한번은 윤기섭과 여러 명의 생도들이 이들 마적에게 끌려 가는 사건이 발생하였다.

1919년 7월 하순에 일어난 일인데 만주지역의 유명한 마적이었던 장강호長江好 일당이 신흥무관학교를 습격하여 교감 윤기섭을 비롯하여 여러 명의 생도를 납치해 간 것이다. 마적 장강호는 후에 일본군 '토벌대'의 별동대로 활약하면서 서간도의 한인들을 학살하였던 인물이다.

다행히도 윤기섭은 한족회 본부의 끈질긴 교섭으로 같은 해 9월 하순 두 달만에 풀려났다. 이때 윤기섭이 마적들로부터 당한 고초는 이루 말할 수 없었다.

한편 신흥무관학교는 신흥학우단을 조직하여 운영하였다. 1913년

「신흥학우보」 제2권 제2호 표지

3월 신흥무관학교 교감 윤기섭은 교장이었던 여준과 더불어 신흥무관학교를 후원하는 조직이자 혁명결사였던 신흥학우단을 조직하였다. 신흥학우단의 발기에는 신흥무관학교 제1회 졸업생 김석金石·강일수姜一秀·이근호李根澔 등도 참여하였다. 교직원과 졸업생은 정단원이었고 재학생은 준단원이었다.

신흥학우단의 설립 목적은 "혁명 대열에 참여하여 대의를 생명으로 삼아 조국 광복을 위해 모교의 정신을 그대로 살려 최후 일각까지 투쟁한다."로 정했다. 신흥학우단은 처음에는 '다물단'으로 불리었다. '다물'은 복구강토復舊疆土, 즉 고토회복이라는 의미로 뒤에 부르기 쉽게 신흥학우단으로 개칭하였던 것이다. 학우단은 기관지인 『신흥학우보新興學友報』를 간행하는 등 신흥무관학교가 독립군 양성의 요람으로 뿌리내릴 수 있는 기틀을 닦고자 노력하였다.

또한 신흥무관학교와 동 분교分校 및 지교枝校 졸업생 중심으로 만들어진 백서농장白西農場에서는 독립군 요원을 훈련시켰다. 1914년 설치된 백서농장은 농장이라는 이름이 붙여졌지만 사실은 신흥무관학교를 비롯한 한인사회 곳곳의 여러 학교를 졸업한 학생들이 입대하는 군대와 같은 곳이었다. 군영이라 하지 않고 농장이라 한 것은 신흥강습소라는 이름과

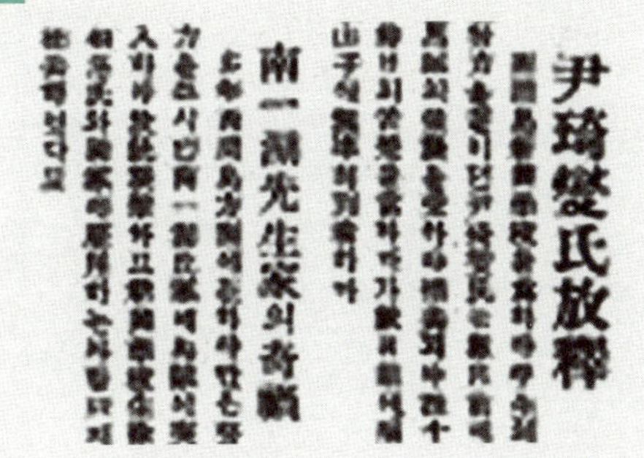

윤기섭이 마적으로부터 풀려났다는
소식을 보도한 『독립신문』(1919. 9. 18)

마찬가지로 이국땅에서 공공연히 군사를 양성한다는 낌새를 주기 않기 위해서였다. 백서농장은 온갖 고난에도 불구하고 1918년까지 운영되었다. 이때 새로운 군영이 만들어짐으로써 비로소 폐쇄되었던 것이다.

신흥무관학교가 처음 세워지고 폐교되는 10년 동안 윤기섭은 이 학교와 함께 하였다. 그는 신흥무관학교의 산증인이었다. 그는 10년 동안 신흥무관학교의 학감·교감 등을 역임하면서 수많은 군사인재들을 양성하였다. 무엇보다도 가장 어려웠던 시기에 그의 피땀 어린 노력으로 이 학교의 명맥이 유지될 수 있었던 것이다.

신흥무관학교가 한국독립운동에 끼친 영향은 지대했다. 신흥무관학교를 만들고 유지하는 데 관계했던 이상룡·이회영·이시영·김동삼·여준·윤기섭·김형식·이세영·이청천 등은 이후의 한국독립운동에서 중추적인 역할을 수행하였다. 그리고 신흥무관학교가 배출한 군사 인재들은 한국독립운동사에서 길이 빛나는 청산리전투를 비롯한 주요 대일전의 주역으로 활약하게 되었다. 청산리전투에 참여하였던 북로군정서 대원

가운데는 신흥무관학교 출신들이 적지 않았다. 또한 신흥무관학교 졸업
생들은 홍범도부대에도 다수 참여하였다. 비록 주역은 아니었지만 서로
군정서의 교성대는 청산리전투에 직접 참여하기도 하였다.

뿐만 아니라 후일 만주와 관내지역의 독립군에도 신흥무관학교 출신
들이 적지 않았다. 즉 만주와 노령 및 중국 관내의 조선혁명군·한국독립
군·고려혁명군·의열단·한국광복군 등에서 신흥무관학교 출신 군사 인
재들이 핵심적인 역할을 수행하였다.

상해 임시정부에서의 활동

임시정부와 연계하여 독립전쟁을 추진하다

임시정부는 1919년 전 민족적인 반일시위운동인 3·1운동을 계기로 수립되었다. 임시정부의 수립은 3·1운동에서 표출된 민족의 독립에 대한 열망과 의지를 한 곳으로 결집시켜서 이를 체계적이고 조직적인 독립운동으로 발전시키기 위한 것이었다.

전 세계 혁명가들의 낙원이었던 중국 상해上海에서 민족운동가들은 1919년 4월 10일부터 임시의정원 회의를 개최하였고, 여기서 임시정부를 수립하여 4월 13일 이를 대내외에 공포하였다. 임시정부는 복벽주의復辟主義를 청산하고 한국 역사상 최초의 민주공화제 정부로 수립되었다. 헌법에서 "대한민국의 주권은 대한인민大韓人民 전체에 재在함"이라 하여 주권재민주의에 입각한 민주공화국 국체임을 분명히 하였다. 비록 임시

정부의 헌법은 구황실의 우대 조항을 삽입하였지만, 종래의 복벽주의 청산을 분명히 하고 공화주의에 입각한 국가 구상을 구체화하였다고 하겠다.

이후 공화주의 이념은 조직이나 방법론적 차이를 떠나 민족운동의 기본적 이념으로 정착되었다. 임시정부가 한국 역사상 최초의 민주공화제 정부란 점에서 그 역사적 의의는 아무리 강조해도 지나치지 않다.

임시정부의 성립이 가지는 또 다른 의의는 임시정부가 민족주의 세력과 사회주의 세력이 연합한 통일전선정부로 출범하였다는 사실일 것이다. 이것은 이후 한국민족운동 진영에서 좌우익 통일전선운동이 계속되는 계기가 되었다.

임시정부는 행정부와 의정원으로 구성되고 그 직할조직으로 민단을 두었다. 행정부는 대통령제로 운영되고, 국무총리 아래에 시기에 따라 7~8개의 부서를 두었다. 임시정부는 수립 직후부터 정부의 인력과 재정의 결정적인 공급선이라 할 수 있는 연통부聯通府와 교통국交通局을 설치하여 국내 행정을 확보하고 정보를 수집하였다. 연통부는 내무부 산하기관으로 국내에 정부의 기반을 확보하고, 상하 행정기관의 통신, 자금모집 및 국내 행정 장악에 그 목적을 두었다. 실제로 임시정부는 국내의 평안도·함경도 등 북부지역에 군수와 면장까지 임명하였고, 행정권을 확보하기도 하였다.

이에 비해 교통국은 교통부 산하 조직으로 각 지방의 연락조직망이었다. 주로 통신과 정보수집 및 전달 기능을 갖고 있었다. 의정원은 입법기관으로 여기에서 의정원 의원들은 의회민주주의의 경험을 축적할 수 있었다.

임시정부는 1920년에 '대한민국임시정부 시정방침'을 마련하고 독립전쟁을 강조하였다. 시정방침은 ① 통일, ②군사, ③ 외교, ④ 교육, ⑤ 사법, ⑥ 재정의 여섯 분야에 걸친 임시정부 활동목표를 천명한 것인데, 기본적으로는 독립전쟁의 시작을 전제로 한 것이었다. 심지어 패전국 독일로부터 '군사상 기술가'를 고용하고 무기와 군수품을 차입하는 것까지 외교활동의 과제로 들고 있다. 시정방침은 1월 3일에 열린 상해 동포들의 신년축하회에서 있었던 안창호의 연설을 통하여 구체적으로 표명되었다. 안창호는 외교전만으로는 소기의 목적을 이룰 수 없다는 것을 알고 1920년을 '독립전쟁의 해'로 규정하였다.

실제로 임시정부는 1919년 말 상해에 임시육군무관학교를 설치하여 운영하였다. 이 학교는 6개월 과정으로 운영되어, 1920년 5월과 12월의 두 차례에 걸쳐 졸업생 43명을 배출하였다. 1920년 2월 말 상해에 서간도 대표로 왔던 윤기섭도 육군무관학교의 교관으로 활동하기도 하였다. 이때 배출된 무관들은 후일 만주에 실전배치되어 큰 성과를 거두었다. 봉오동전투와 청산리전투에서 임시정부 육군무관학교 출신이 혁혁한

전공을 세웠던 것이다.

임시정부의 군사정책은 대체로 세 방향에서 추진되었다. 첫째, 군대를 편성한다는 원칙하에 군대의 편제와 조직에 대한 법규를 마련하는 것이었다. 둘째, 군사간부의 양성과 병사를 모집하는 것이었다. 셋째, 만주지역에서 활동하고 있는 독립군단체들을 임시정부에서 통할 내지 지휘하려는 것이었다.

특히 임시정부는 만주지역의 독립운동단체들을 지휘하기 위하여 노력하였다. 임시정부는 군무부軍務部를 통하여, 만주지역에서 활동하고 있는 독립군 부대들을 임시정부 산하에 끌어들이고자 시도하였다. 임시정부는 명문상의 규정이지만 1920년 2월 '대한민국육군임시군구제'를 마련하였다. 독립군 편성에 적용될 군구제는 서간도군구(하얼빈 이남 길림성 부근, 봉천성 부근)·북간도군구(연길 일대)·강동군구(노령 일대)로 나누고 이곳의 사무는 임시지방사령관이 겸임하도록 하고 독립군에 응할 중령 및 노령 거주 한인의 병역 의무는 만 20세 이상 50세 이하의 남자로 제한하였다.

임시정부로서는 서북간도 및 노령지역의 무장세력들을 정부 휘하로 통합하는 일이 임시정부의 존재 이유와 직결되는 절대적인 과제였고, 또한 독립운동단체의 입장에서는 임시정부의 권위를 통하여 국내외의 동포들을 상대로 자금조달이나 인원 모집을 보다 효과적으로 할 수 있을 것으로 기대했기 때문이다.

당시 만주에는 70여 개의 독립운동단체들이 조직되어 활동하고 있었다. 이러한 단체들 가운데 대다수 단체들은 임시정부를 지지하면서, 그

산하로 편입되었다. 대표적인 예로 서간도의 서로군정서西路軍政署와 북간도의 북로군정서北路軍政署를 들 수 있다. 특히 한족회와 그 산하의 서로군정서는 임시정부와 밀접한 관계를 맺고 있었다.

이 무렵 상해 임시정부, 노령 국민의회, 한성정부의 통합이 이루어져 1919년 9월 6일 대한민국임시헌법이 통과되고 9월 11일 통합임시정부가 수립되고 있었다. 이러한 정세하에서 서간도에서 수립된 군정부를 임시정부로 통합하기 위한 교섭도 구체화되었다. 임시정부에서는 여운형을 서간도에 파견, 군정부의 임시정부 산하기구 편입을 종용하면서 상해 임시의정원에 대표를 파견하라고 요청하였다. 군정부측도 독판督辦 이상룡의 주도하에 임시정부 산하기관 편입을 결정하였다. 그리고 군정부는 다음 두 가지 타협안을 임시정부에 제의하였다.

① 국내의 모든 독립운동을 통제·지도할 임시정부의 위치는 국제외교상 상해가 적합하므로 그곳에 임시정부를 두도록 하되,
② 무장 독립군의 국내 진입활동은 만주가 적합하므로 독립군을 지휘할 군정부는 만주에 건립하는 것을 허할 것.

이 타협안의 원칙은 1919년 11월 17일의 임시정부 특별 국무회의에서 가결되었다. 군정부는 임시정부 산하 서로군정서로 이름을 바꾸고 임시정부 산하에서 독립전쟁을 수행하는 역할을 담당하게 되었다. 서로군정서는 총책임자인 독판에 이상룡이 추대되었고, 부독판에 여준, 정무청장에 이탁, 내무사장에 곽문, 법무사장에 김형식, 군무사장에 양규

열, 참모부장에 김동삼, 사령관에는 이청천이 발탁되었다.

북간도를 대표하는 북로군정서도 1919년 12월 임시정부의 명령에 복종하기로 결정하였다. 나아가 북로군정서는 서간도의 서로군정서와 긴밀히 협력하고 상해의 임시정부를 받들 것을 공동으로 선언하기도 하였다.

서로군정서는 독립전쟁을 위해 전열을 가다듬기 시작하였다. 서로군정서 본부는 3개 중대를 증설하여 모두 5개 중대와 별도로 결사대를 조직하여 국내진공작전을 빈번히 시도하였다. 한족회 학무부장 및 신흥무관학교 교감을 겸하여 정력적으로 활동하고 있던 윤기섭은 제3중대장에 임명되었다. 그리고 그를 위한 한족회의 지원과 동포들로부터 매월 호당 평균 3원 5각씩을 징수하여 1919년 현재 이미 약 25만 원을 조달하였다고 한다.

하지만 일본과 현지 중국 당국의 탄압은 한족회에 결정적인 타격을 가하였다. 일제의 압력을 이기지 못한 중국 당국은 1920년에 노골적인 탄압을 시작하였다. 중국 관헌은 1920년 1월 14일 삼원포의 한족회에 대해 해산을 명령하는 동시에 본부 및 학교를 폐쇄시키면서 서류·도서·기타 재료 등을 압수해갔다.

또한 일제는 이 시기 윤기섭이 서간도에서 김창환과 더불어 누구보다도 왕성한 배일사상을 가지고 있으며 신흥무관학교의 중추적인 역할을 하는 중견인물로서 현지 동포들의 신용이 두텁다고 보고 주목하였다. 그런 만큼 일제 관헌은 서간도의 배일운동을 근절하기 위하여 윤기섭을 체포하는 데 혈안이 되었다.

이러한 어렵고 힘든 상황을 돌파하고 독립전쟁을 추진하기 위해 한족회와 서로군정서는 1920년 2월 9일부터 4일 동안 유하현 삼원포에서 서남쪽으로 4리 떨어진 남산藍山에서 국민대회를 개최하여 그 대책을 강구하였다. 국민대회의 발기인은 윤기섭이었다. 95명의 한족회 및 서로군정서의 주요 인사들이 참석한 가운데 열린 대회에서 참석자들은 독립전쟁을 위한 방안을 강구하고 임시정부의 서간도 대표 파견 요구 등에 대해 결의를 하게 된다.

먼저 대회를 발기한 윤기섭이 등단하여 국민대회의 취지를 설명하였다. 이어 대회를 진행하기 위한 간부를 선임하였다. 임시 대회장에 선출된 윤기섭은 "우리 일은 정부 이하 2천 만이 일체가 되지 아니하면 아니 될지라 국민은 혈전을 부르짖어 1년이 지났으나 아직도 이룬 일이 없다. 악형과 학살을 당하고 있는 본국 동포들은 서편만 바라보고 있는데 우리는 앉아서 보기만 하겠는가?"라고 혈전을 호소하였다. 여기서 말하는 '서편'은 서간도를 가리킨다. 김창환도 앞으로 나가 "10년 전부터 오늘날까지 기다렸다. 내 동포들은 목숨과 금전을 다 바쳐야 한다. 우리의 독립은 확실하다. 나에게 총 한 자루를 달라."고 절규하였다. 그 외에도 여러 사람이 혈전을 호소하는 연설을 한 후에 산회하였다.

국민대회는 다음 날인 10일에도 이어졌다. 이 날에는 임시정부 파견원의 임시정부 시정방침에 대한 설명이 있은 후 청중들과 혈전의 방침과 시기에 대하여 장시간 토론하였다. 윤기섭이 대회에 참석한 사람들에게 혈전에의 참여 여부를 묻자 거의 대부분이 찬성하는 뜻으로 손을 들었다고 한다. 물론 적을 이길 만해야 움직이지 국부적 행동은 폭동에 지나지 않고 해가 되기 때문에 정부의 명령을 기다려야 한다는 신중론도 없지 않았지만 즉각적인 혈전을 외치는 목소리에 압도되었다.

윤기섭은 이에 화답하여 "우리의 일은 전 인구 반 이상이 죽어야 되며 1~2년에 되지 못할 것이오. 10년 이상을 바쳐야 되오. 지금은 전시오. 전시에는 비상한 행동과 노력을 요구하오. 일반은 이와 같이 생각지 않습니까? 국외에 있는 동포 2백 만이 거의 다 간도에 있고 지각만 있으면 싸우게 되었으니 준비합시다. 마지막 한 사람까지 싸울 뜻으로 속히 결정합시다."라는 비장한 각오로 연설하였다.

이어 12일에 속개된 국민대회에서는 독립혈전과 구체적인 준비과정에 대해 다음과 같은 6개 항의 결의사항을 결정하였다.

① 가급적 빨리 국내로 진공하여 혈전을 전개한다.
② 군비軍費는 국민대회에서 부담하는 동시에 상해 임시정부의 원조를 요청한다.
③ 작전계획은 국민대회의 간부진에서 책정한다.
④ 무기는 주로 국민대회에서 준비하되 현재의 권총을 사용한다.
⑤ 독립선전기관을 확충하고 한층 내외의 선전에 노력한다.
⑥ 이상 계획을 수행하기 위해 대표자를 상해에 파견하여 협의한다.

이와 같이 조속한 시일 내의 국내 진공과 혈전을 호소하는 결의안을 통과시키고 실행위원 10인을 결정하였다. 그리고 13일 오전 10시에 다시 개회하여 의결한 실행방법에 대하여 토론하고 제5항의 선전 주임자±

국민대회 개최를 알리는 『독립신문』(1920. 3. 25) 기사

국민대회 개최를 알리는 『신한민보』(1920. 5. 14) 기사

任著로 최성주崔聖柱 목사를, 제6항의 임시정부에 파견하여 제반사항을 협의할 대표로 윤기섭과 이진산을 선출하였다. 상해 임시정부에 파견되는 두 사람의 임무는 한족회에 대한 임시정부의 지원을 요청하고 독립전쟁에 대한 구체적인 사항을 협의하는 것이었다. 그만큼 서간도 독립운동 단체들이 상해 임시정부에 거는 기대가 컸다.

윤기섭은 이진산과 함께 1920년 2월 20일 서간도를 출발하여 상해로 떠났다. 당초 윤기섭은 임시의정원 서간도 대표로서 한족회와 서로군정서의 독립전쟁 수행에 대한 임시정부의 원조와 협조를 요청하는 것이었다. 그러므로 그의 상해행은 소기의 임무를 수행한 후 서간도지역으로 복귀를 전제로 하는 것이었다. 그러나 윤기섭의 상해행은 결과적으로 10년간에 걸친 서간도에서 항일투쟁을 끝내고 관내지역에서 독립운동을 전개하는 결정적인 계기가 되었다.

임시의정원에서 독립혈전을 외치다

한족회와 임시의정원 서간도 대표인 윤기섭과 이진산은 1920년 2월 하순경에 상해에 도착하였다. 일본군과 마적들이 횡행하던 서간도를 떠나 '독립운동의 책원지' 상해에 온 윤기섭은 남다른 포부가 있었을 것이다. 상해는 당시 동양 최대의 국제도시로서 '동양의 파리'로 불렸다. 그뿐 아니라 서양 문화와 사상이 중국으로 전입되는 창구이기도 하였다. 상해에 들어온 서양의 문화와 사상은 중국의 전통 문화와 사상과 서로 충돌하고 뒤섞였다. 동서방 문화와 사상의 충돌과 혼재는 상해에 큰 활력을 불러일으켰다.

게다가 상해는 유럽 제국주의 세력이 설정한 '조계租界'가 있어 중국을 비롯한 전 세계의 혁명가들이 제한된 범위 내에서나마 비교적 자유롭게 활동하고 있었다. 이 점을 주목한 한인 독립운동가들이 상해 프랑스조계에서 임시정부를 수립한 것도 결코 이상한 일이 아니었다. 제국주의가 중국으로부터 할양받아 설정한 치외법권의 땅 '조계'에서 피압박 약소민족 망명객들이 그 허점을 이용하여 혁명활동을 전개한 것은 역사의 아이러니였다.

윤기섭 일행은 상해에서 3·1기념일을 맞이하였다. 1919년 3월 12일

프랑스조계의 중심도로 하비로

보강리 자리로 현재는 태평양백화점이 들어서 있음

첫 3·1절 기념식이 열렸던 상해 공동조계의 올림픽극장(1920년)

서간도에서 만세시위운동의 감격을 만끽한 지 1년이 지나서맞이하는 1920년의 3·1기념일은 대단히 뜻깊은 날이었다. 상해 임시정부도 3·1기념일을 독립운동 진영의 가장 큰 국경절로 지정하여 성대한 기념식을 거행하여 나라 잃은 백성들의 서러움을 위로하고 결사항전을 다짐하였다.

3월 1일 새벽 6시부터 상해 하비로霞飛路(현재의 회해중로)의 보강리寶康里와 백래니몽마랑로白來尼蒙馬浪路(현재의 마당로) 일대 등 한인이 많이 사는 곳에는 가가호호 태극기가 게양되어 바람에 휘날렸다. 당시 임시정부 청사가 있던 하비로는 프랑스조계의 중심을 가로지르는 길이었다. 그리고 보강리와 마당로 일대는 한인들이 집중적으로 거주하고 있었다.

제2주년 3·1기념식 광경(1921년)

　이날 오전에는 교민단 주최로 공동 조계 정안사로靜安寺路(현재의 남경서
로) 올림픽극장에서 성대한 기념식이 개최되었다. 1914년 개관한 올림픽
극장은 당시 공동 조계에서 가장 훌륭한 시설을 갖추고 있던 대형극장이
었다. 1921년의 제2주년 3·1절 기념식도 이 극장에서 개최되었다. 이때
의 모습은 독립신문에 보도되어 당시의 장엄한 광경을 엿볼 수 있다.

　이날 행사에는 상해에 거주하는 거의 모든 교민이 참석하였다. 심지
어 일본인 세력지역인 홍구虹口지역의 일본인 상점에서 일하던 한인들도
이날만큼은 3·1절 기념식에 참석하였다고 한다. 기념식장에는 만국기
와 태극기가 바다를 이루어 분위기는 더없이 고조되었다. 이러한 성대
한 기념식 광경을 본 후 감격하여 독립운동에 참여하는 경우도 있었다.

임시정부가 프랑스조계를 벗어나 공동조
계의 번화가에 위치한 올림픽극장에서 행
사를 거행한 데는 대외적인 선전효과가 컸
기 때문이다. 상해 도착 직후 이러한 감격
적인 모습을 지켜봤을 윤기섭이 임시의정
원 의장으로서 3·1절 기념식장에서 엄숙
하게 독립선언문을 낭독하게 되는 것은 그
로부터 4년 후였다.

1920년대의 도산 안창호

　　윤기섭과 이진산은 상해 도착 직후부터
임시정부를 비롯한 각계 인사를 방문하였다. 안창호의 일기에 의하면,
3월 3일 윤기섭과 이진산은 안창호를 방문하고 서간도의 전반적인 상
황을 보고하였다. 이 무렵 임시정부의 노동국총판이었던 안창호는 국무
총리 이동휘와 더불어 임시정부를 실질적으로 이끌고 있었다. 안창호는
정부의 인사 문제에서부터 외무·군사·재무·내무 등 거의 모든 부서의
일을 각 부 관계자들과 의논·결정하고 있었다. 며칠 후인 3월 8일 오후
5시 안창호는 윤기섭과 이진산 두 사람을 초청하여 상해 도착 환영 만
찬을 베풀었다. 그 후에도 윤기섭은 안창호를 자주 만나 서간도의 정황
과 임시정부의 이념과 방침에 대하여 장시간 의견을 나누었다.

　　한편 윤기섭 일행이 상해에 도착했을 무렵 제7회 임시의정원 회의
(1920. 2. 23~3. 30)가 열리고 있었다. 윤기섭과 이진산은 곧 의원 당선증서
를 의정원에 제출하였고, 3월 4일 의정원 심사위원의 의원자격 심사 결과
정식으로 의원 자격을 취득하고 공식적인 의정활동을 시작하게 되었다.

이 무렵 임시정부의 기관지 『독립신문』은 "10년을 하루같이 광복을 위하여 육영사업에 헌신한" 규운 윤기섭의 상해행을 크게 보도하고 환영하였다. 1920년 3월 6일자 「시사단평時事短評」은 다음과 같이 생생하게 전하고 있다.

규운! 검은 두루막에 소본성경小本聖經 한 권을 들고 십원十圓 못되는 노비路費를 차고 입동立冬 찬바람에 포풀라 잎이 다 떨어지는 십년전 어느날 석양夕陽에, 표연飄然히 서천西天을 향하고 떠나가던 규운! 나라는 회복하여야 하리라, 그리하랴면 사람붓터 만들어야 된다 하야 단신單身으로 쌀쌀한 압록강을 건널 때 군君의 흉중胸中은 여하何如하던가 그러나 군君은 군君의 조국과 동족에게 대對하야 귀貴한 노력을 하엿고 귀貴한 공헌을 하엿다, 한번 작정作定한 다음에는 끗까지 나가고야 마는 군君은 십년이 일일갓치 군君의 조국에 대한 약속을 지켜 수백의 청년을 교육하엿다, 십년에 군君은 공수空手로 갓거니와 지금은 조국에 대한 만흔 선물을 졌다, 규운아, 저마다 이 의무를 자각하고 실행하는 줄로 생生각지 말어라, 군君 갓흔 이는 우리의 본本이다, 조국이 요구하는 귀중한 아들이다. 군은 부허浮虛한 명리名利를 몰낫고, 일신일가一身一家의 쾌락을 몰낫고, 공중空中에 누각을 지엇다 헐엇다 하는 공상과 공담空談을 몰낫고, 신기묘산神機妙算으르(로) 천하를 석권席捲하고 만성萬姓을 지휘하랴는 허虛된 야심野心을 몰낫다, 군은 오직 한 짐씩, 한 짐씩 땀을 흘니며 흘글져다가 신국新國의 기초基礎를 싸핫다, 남이 모르는 동안에, 허虛되히 떠들고만 돌아단니는 동안에, 그러한 십년 동안에 허위虛僞에 찬 우리 족속중族屬中에서 엇더케 군과

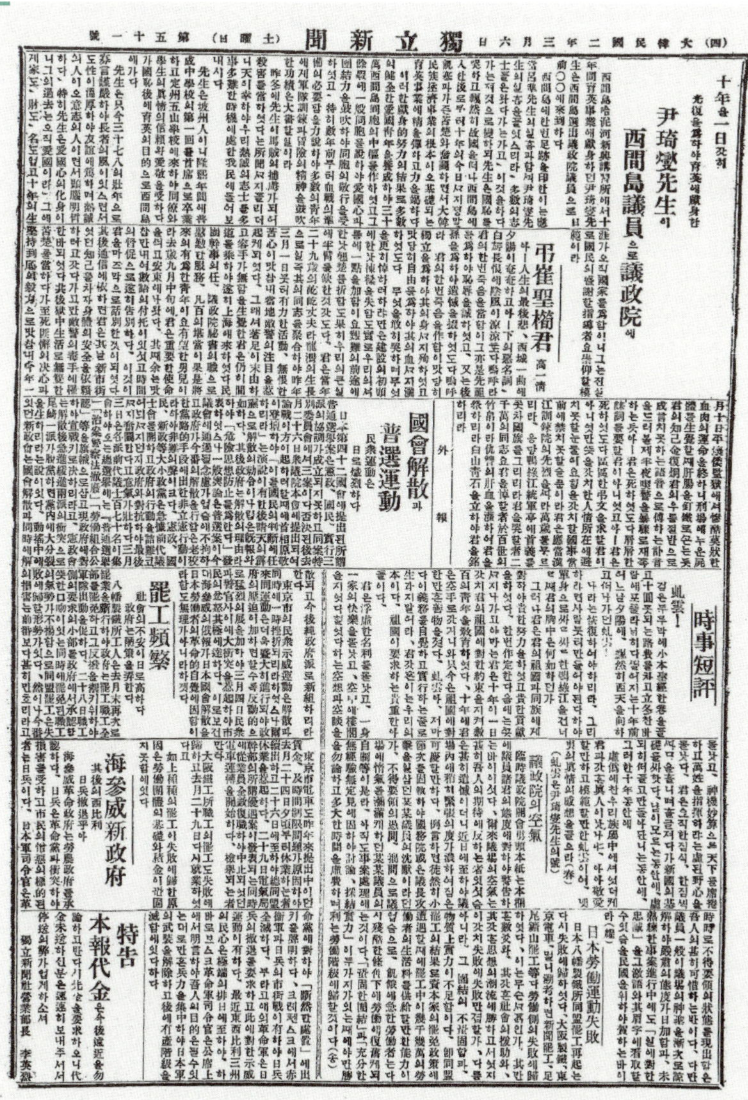

十年을一日깃치

尹琦燮先生이

光復을爲하야育英에獻身한

西間島議員으로議政院에

弔崔聖櫶君

高一淸

外報

國會解散과普選運動

時事短評

罷工頻繁

海參威新政府

本報代金

윤기섭의 상해행을 보도한 『독립신문』(1920. 3. 6)

갓흔 진인眞人이 낫나냐, 아아 경애敬愛할 만하고 모범模範할 만한 규운이
여, 옛 벗의 진정眞情의 감상感想을 들으라. [춘春]

위 기사는 오산학교에 재직하다가 서천西天, 즉 서간도로 망명한 이후
10년간에 걸친 윤기섭의 신흥무관학교에서의 활동상과 인간적인 면모
를 실감나게 잘 그려내고 있다. 윤기섭을 '옛벗'으로 묘사한 이 글의 필
자 '춘春'은 다름아닌 춘원春園 이광수이다. 그는 국내 오산학교에서 윤기
섭과 함께 교사로 재직하였기 때문에 누구보다도 윤기섭을 잘 알고 있
었다. 1910년 일본에서 돌아온 이광수가 이승훈의 추천으로 오산학교
교사로 부임할 무렵 윤기섭은 이 학교에 재직하고 있었다. 그리고 윤기
섭이 망명한 지 몇 년이 지난 후에 그 자신도 윤기섭이나 신채호와 같이
오산학교 교사생활을 청산하고 국외 망명을 단행하였다. 윤기섭이 서간
도 대표의원으로 상해에 올 무렵만 해도 이광수는 임시정부의 기관지인
『독립신문』 사장으로서 이 신문의 기사를 대부분 쓰다시피 할 정도로 맹
렬한 항일 필봉투쟁을 전개하고 있었다. 때문에 그는 윤기섭의 상해 도
착을 누구보다도 반겼을 것이다.

윤기섭은 3월 5일 동료 의원들의 환영 속에 서간도 대표의원으로 처
음으로 의정원에 등원하였다. 이어 3월 16일의 임시의정원 회의에서 그
는 이진산·이유필 등과 함께 '개전開戰'에 대한 정부 방침을 질의하였다.
이에 정부위원 윤현진尹顯振은 3월 24일 의정원 회의에서 '개전'에 대해
'전쟁과 외교 양방면'을 병행할 것이라는 원론적인 답변과 함께 독립운
동의 재원 확보를 위한 인구세人口稅 및 공채 발행 방침을 밝혔다. 그리고

군무차장 김희선金羲善은 독립전쟁 개시 시기에 관한 질의에 대해서는 확답을 피하였다.

의정원에서 제기된 군사활동 강화 요구는 정식 의안으로 상정되었다. 서간도지역 대표인 윤기섭이 이진산과 함께 제출한 '군사에 관한 건의안'이 그것이다. 이 제안은 임시정부의 군사노선이 보강될 수 있는 중요한 계기이기도 하였다.

윤기섭을 비롯한 이진산·왕삼덕王三德·이유필·김홍서金弘紋 등 5명은 4월 30일 회의에서 군사회의 소집, 군무부의 만주 이전, 대대적인 군사훈련 실시, 군사지휘관 양성, 연내 독립전쟁의 개전을 제안하였다. 이 건의안은 1920년 안으로 다음과 같은 사항들을 추진할 것을 촉구하였다.

① 금년 5월 상순 안으로 적당한 지점에 군사회의를 소집하고 군사계획을 절실히 확립하여 군무진행의 방침을 주도히 규정할 것. 이유: 10년래 각지에 산재한 군사 제기관이 각 방면으로 노력하고 있으나 군사계획 및 방침에 차이가 적지 않아 광복을 쟁취하기 위한 혈전에 지장이 많음.

② 군무부 가운데 육군·군사·군수·군법의 4국局과 기타 모든 군사기관을 만주(동삼성과 노령, 흑룡까지 포함)에 옮길 것. 이유: 동포가 다수 교거僑居하는 만주, 더욱이 지리·역사·행동상 핍절逼切한 관계가 있는 만주를 제외하고는 독립전쟁이 거의 불가능하기 때문에 군무부 전체는 힘들더라도 중요군무를 담당하는 4국까지는 반드시 이동하여야 함.

③ 금년 안에 적어도 만주에서 보병 10개 내지 20개 연대를 편성 훈련할

것. 이유: 혈전을 수행하자면 우선 당장 적어도 이 정도는 편성 훈련할 필요가 있음.

④ 금년 안에 적어도 사관과 준^準사관 1천 명을 양성할 것. 이유: 위 제 3항의 군대를 지휘하려면 1천 명의 간부를 급히 양성할 필요가 있음.

⑤ 금년 안에 전투를 개시하되 적어도 보병 10개 대^隊를 출동하도록 할 것. 이유: 준비가 부족하다고 해서 망설이기보다는 차라리 가능한 힘을 다하여 필사의 결심으로 용진하는 것이 승리의 첩경이 될 뿐만 아니라 성패 여부에 관계없이 불공대천의 적과 분전, 용투하는 것이 광복투쟁의 본색이며 국민의 의무임.

독립운동기지로서 만주의 중요성과 대일혈전의 시급함을 강조한 위 건의안의 요점은 긴급 양병·급속 개전이다. 그러기 위해서 중요 군사 부서를 우선 만주로 이전할 것을 요구하였다. 그리고 금년 내에 전투를 개시하여야 하는 이유로는 전투의 귀한 것은 만민갈망^{萬民渴望}·거국일치에 있으니 준비의 불완전으로 하여 주저하는 것보다는 차라리 가능한 힘을 다하여 필사의 결심으로 설사 전사할지라도 용감하게 전투하는 것이 국민의 의무라고 강조하였다. 윤기섭이 서간도에서 상해로 올 무렵만 해도 나라 안팎에서 '즉각적인 개전'을 촉구하는 목소리가 빗발쳤다. 서북간도나 노령에서는 "왜 속히 선전포고를 하지 않느냐. 이렇게 지연하면 우리는 정부의 명령을 기다리지 않고 혈전을 개시하겠다."라고 하며 즉각 개전을 촉구하고 있었다. 윤기섭 등이 제출한 군사에 관한 제의는 당시 해외의 독립전쟁 촉구 주장을 대변하는 것이었다.

사실 간도지역에서는 이미 1920년 초부터 국내진공작전이 빈번하게 이루어지고 있었다. 일본 및 임시정부측 자료에 의하면, 국내진공 횟수는 1920년 1~3월에 24회, 3~6월 사이에 32회에 달할 정도였다. 서로군정서만 보더라도 1920년 5월부터 본격적으로 무장활동을 벌였다. 10명 또는 20명으로 유격대를 편성해 압록강을 건너 평안북도의 강계·자성·벽동·위원 등으로 파견해 일제의 경찰 분소와 면사무소 등을 습격하고 있었다.

서북간도지역의 활발한 독립전쟁에 고무된 의정원회의에서 이 건의안은 3명의 기권자를 제외한 전원 일치의 가결을 얻을 수 있었다. 윤기섭은 건의안을 의정원에 제출하고 의정원으로 하여금 정부에 건의하고 아울러 1주일 이내에 이에 대한 정부의 확답을 요청하였다.

이 건의안을 설명하기 위해 등단한 윤기섭은 "금년 내로는 반드시 전투를 개시하되 먼저 적에게라도 성명하야 우리는 우리의 가능한 힘으로 나아가니 너희는 너희 힘대로 오너라 하여 사력을 다 할 것이요 …… 우리가 비참한 전투를 한 뒤에야 세계가 움직이겠고, 우리가 비참한 전투를 당한 후에야 국민의 단합이 완성되리라."고 호소하였다. 당시 『독립신문』의 보도에 의하면, 윤기섭의 비통한 연설은 만장을 숙연하게 하였다.

윤기섭의 건의안은 계획의 실행 여부 및 현실성 등을 떠나 3·1운동 이후 적극적인 활동을 펼치고 있는 재만 독립군에 대한 기대감을 반영하는 것이었다. 이 건의안을 통해 1920년 초 새해를 '독립전쟁의 해'로 규정하게 되었고 준비 부족을 이유로 즉각적인 개전을 반대해 온 준비론을 비판함으로써 임시정부 내에서도 군사문제에 관한 관심이 더욱 높아지고 만주의 무장독립운동과 관계를 맺기 위한 노력에 박차를 가해 나갈 수 있었다. 그러므로 1920년 초반부터 서간도 대표로 상해에 와서 독립전쟁의 당위성을 환기함으로써 이 해 10월의 청산리전투에서 대승을 거둘 수 있는 기반을 제공하였다는 측면에서 윤기섭·이진산 등 서간도 대표들의 역할과 기여는 독립운동사상 중요한 의미가 있었다.

계속하여 윤기섭·이진산·왕삼덕 등 간도에서 온 대표들은 임시정부에 대해 한족회 및 서로군정서에 대한 재정지원 등 구체적인 요구사항을 제시하였다.

① 군사회의를 속히 소집할 것.

② 정부로서 군정서에 파원派員할 것.

③ 평안남북도의 공채 발매권을 서간도에 전위專委할 것.

앞의 2개 항목은 윤기섭과 이진산이 이미 임시의정원에서 결의한 내용으로 새삼스러운 것이 아니었다. 그런데 문제가 된 것은 임시정부가 관할하는 평안도의 공채 발매권을 서로군정서로 넘겨달라는 세번째 항목이었다. 서로군정서로서는 독립전쟁 수행을 위한 재정 확보가 시급하였다. 독립전쟁 수행에 필요한 재정 지원 요청 문제는 윤기섭이 상해에 온 가장 중요한 목적 가운데 하나였다.

이에 대해 임시정부의 안창호는 3개 항목 가운데 첫번째 군사회의의 조속한 소집과 두번째 서간도에 대한 요원 파견 문제에 대해서는 이의가 없었지만, 다만 독립공채 발행권을 서간도에 위임하는 문제에 대해서는 난색을 표시하였다. 평안도는 임시정부의 중요한 자금 공급처이자 안창호 개인적으로도 정치적 기반이었다.

평안도는 압록강을 사이에 두고 서간도와 마주하고 있기 때문에 지리적 조건뿐만 아니라 종교·인적 구성 등에서 두 지역은 밀접한 관계를 가지고 있었다. 평안도는 서간도의 한족회와 서로군정서가 독립전쟁을 개시하는 데 필요한 인적 및 경제적 자원을 제공하는 저수지의 역할을 할 수 있는 곳이었다.

그런데 애국금 및 공채 발매를 통해 재정을 중앙으로 집중한다는 방침을 정하고 있던 임시정부로서도 평안도는 양보할 수 없는 중요한 지역이었다. 당시 임시정부의 연통제 및 교통국이 한반도 북부지방, 특히 평안도에 집중되어 정보의 수집 전달, 군자금 모집을 비롯한 임시정부의 절급한 업무를 수행하고 있었기 때문이다. 게다가 공채모집의 경우에도 모집위원이 평안도에 집중되어 있었으며 독립공채의 응모액에서도 전체 액수 가운데 50% 이상을 차지할 정도로 평안도가 가장 높은 비중을 차지하고 있었다. 그만큼 임시정부의 재정수입에서 평안도지방의 기여도가 높았다. 물론 중국과 닿아 있다는 지리적 조건 외에도 임시정부 안에서 서북지방 출신이 다수를 차지하고 있었던 사정과도 무관하지 않다. 임시정부의 재정수입에 대한 서북지방의 기여는 임시정부 안에서 안창호를 비롯한 서북파의 정치적 입지를 강화시켜주는 요인이었던 것이다. 때문에 안창호는 이들의 제의를 완곡하게 거절하고 대신 이들 3인에게 작금의 정세를 한 부분이 아니라 전체에 대해 파악하고 여러 가지 다양한 의견으로 임시정부의 유지를 위해 노력해줄 것을 당부하였다고 한다.

그후 윤기섭은 임시정부 간도 시찰원 자격으로 다시 간도지역으로 파견되었다. 1920년 4월 29일 임시정부 국무회의는 서북간도 한인사회 및

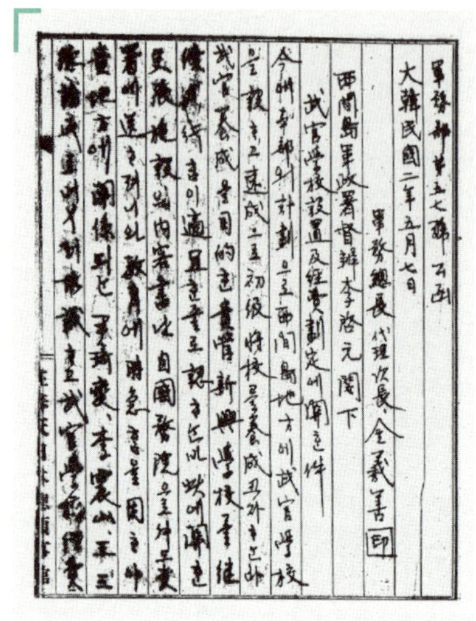

무관학교 설치 및 경비획정에 관한 건

독립군단체와 연대를 구축하기 위하여 이들 지역에 대한 시찰원 파견을 결정하였던 것이다. 그리하여 안정근安定根·왕삼덕·조상섭·윤기섭·이진산 등을 서북간도로 파견하였다. 이들은 서북간도의 독립군단체들 사이의 관계를 조정하는 임무와 해당 지역에서 관계자들과 협의하여 독립전쟁을 대비하여 장교들을 속성으로 양성할 수 있는 군관학교의 설립 및 운영이라는 중요한 임무도 띠고 있었다.

5월 23일 안창호는 윤기섭을 비롯하여 안정근·이진산·왕덕삼·조상섭 등 파견원들을 대동여사大東旅社에 초대하여 환송 오찬을 베풀었다. 윤기섭이 서간도로 떠난 것은 제8회 임시의정원 회의가 끝난 6월 중순경이었다.

윤기섭이 간도로 파견될 무렵 임시정부 군무부는 이들의 파견과 동시에 서간도의 서로군정서 앞으로 무관학교 설립 및 운영에 관한 지시를 하달하였다. 군무총장 대리 김희선의 명의로 서로군정서 독판 이계원李啓元(이상룡) 앞으로 보내는 '무관학교설치 급及 경비획정經費劃定에 관한 건件'이라는 문건이 그것이다.

이 문건의 주요 내용은 새로이 무관학교를 설립하기보다는 윤기섭 등 파견원과 협의하여 현재 운영되고 있는 신흥무관학교를 활용하여 속

군무부軍務部 제오십칠호 공함公函

대한민국 2년 5월 7일

군무총장 대리 차장 김희선金羲善 (인)

서간도군정서 독판 이계원 각하

무관학교 설치 급& 경비획정經費劃定에 관한 건件

지금 본부의 계획으로 서간도지방에 무관학교를 설치하고 속성으로 초급장교를 양성코자 하는 바 무관양성을 목적으로 하는 귀 관할 신흥학교를 계속 진행함이 적의適宜한 줄로 인정되는 바 이에 관한 경장시설更張施設의 내용서는 국무원으로부터 귀 군정서에 보내겠거니와 교육이 시급함에 따라 귀지방에 관계되는 윤기섭, 이진산, 왕삼덕 제씨와 더불어 협의하고 무관학교 경비는 본년도 예산액중에서 우선 1만 원洋銀이 획정되어 이 금액을 재무부에서 장차 지불하겠으니 교육을 한층 확장하시되 본예산액은 무관학교의 직원 10인, 학생 200인으로 정원하며 년도는 3월 1일로 시작되어야 하나 5월 1일부터 기산하시오며 무관학교 조례는 추후 송부하겠으니 이에 일준一遵하시기 바랍니다.

성으로 군사인재를 양성하라는 것이다. 소요경비는 임시정부 재무부에서 이에 대한 예산으로 1만 원을 획정하고 추후 송금하기로 한다고 하였다. 독립전쟁을 대비한 군사인재 양성을 위해 임시정부 군무부가 실질적인 조치를 취하기 시작한 것으로 중요한 의미를 가지고 있는 문건이다. 군무부 차장 김희선은 윤기섭이 의정원에 제출한 군사에 관한 건의안에 대해 예산에 대한 언급이 없다는 이유로 회의적인 반응을 보였던 인사였다. 그가 서로군정서에 무관학교 설립과 관련하여 지시를 하달하는 것으로 볼 때 당시 임시정부가 독립전쟁을 준비하여 구체적인 움직임을 보이기 시작하였음을 알 수 있다.

윤기섭이 간도로 출발할 무렵 서북간도에서는 이미 국내진공작전이 수십 차례에 걸쳐 빈번하게 이루어지고 있었다. 국내에 침투한 부대들이 전과를 올린 후 간도지역으로 철수하면 이를 추격하는 일본군이 국경을 넘었다가 독립군의 반격을 받아 큰 타격을 입는 경우가 많았다. 독립운동사상 청산리전투와 더불어 양대 대일전투였던 봉오동전투는 그 대표적인 경우이다. 1920년 6월 일본군은 함북 종성 북방에 진출한 홍범도부대를 국경을 넘어 추격하여, 그 근거지인 봉오동을 일거에 공격하고자 하였으나 도리어 홍범도부대의 반격을 받아 큰 타격을 입고 퇴각하였던 것이다.

이 같은 패전이 거듭되자 일본군은 당시 만주의 지배자 장작림과 협상하여 중국측에 독립군 소탕을 요구하였다. 일제는 1920년 5월 중일 합동수색대를 편성하여 활동에 들어감으로써 서간도 독립운동 진영은 중대한 기로에 놓이게 되었다. 게다가 봉오동전투에서 패한 일본군은 같은 해 8월 이른바 '간도지역 불령선인 초토계획'을 세우고 서북간도의 독립군을 섬멸하고자 하였다. 이를 위해서는 적당한 구실이 필요했다. 그리하여 일제는 마적단을 매수하여 북간도 혼춘에 있는 일본영사관 분관을 습격하고 파괴하도록 하였다. 그리고 영사관 내에 있던 일본인·친일 한인 등을 포함해 10여 명을 사살했다. 이것이 바로 유명한 '훈춘사건'이었다. 일제는 이를 구실로 하여 대병력을 서북간도로 침입시켰다. 일제는 독립군을 전문적으로 말살하기 위해 최신예 무기로 중무장한 보병 2만 명을 파견하였으며 이외에도 포병과 기마병, 심지어 비행대까지 출동시켰다.

한편 독립군 부대들은 이 소식을 듣고 일제의 작전에 말려들지 말고 일시적으로 근거지를 옮겼다가 상황이 좋아지면 다시 본대로 복귀한다는 계획을 세웠다. 이러한 계획하에 독립군 부대들은 일단 백두산의 삼림지대 혹은 북만의 밀산密山으로 이동하여 피전避戰하기로 하였다. 이 이동은 8월 하순부터 개시되었는데, 이러한 사정을 안 일본군은 10월 초 직접 독립군 소탕을 위해 이른바 '간도출병'을 단행하였다. 일본군은 당시 청산리지역에서 이동 중이던 독립군을 추격하였다. 일본군과 접전한 홍범도 및 김좌진·최진동의 연합부대는 청산리 부근에서 9차례 전투에서 연대장을 비롯한 수많은 일본군을 사살하는 등 대승을 거두었다.

일본군은 이에 대한 보복으로 이후 두 달여 동안 간도지방의 한인동포에 대한 잔악한 학살을 자행하였다. 일본군은 독립군 소탕을 내세워 무차별 살인·체포·폭행·방화를 자행, 1만여 명의 한인동포를 학살하고 수많은 민가와 학교를 불태웠다. 이것이 바로 '간도참변' 혹은 '경신참변

庚申慘變'이었다.

　윤기섭이 간도에 도착할 즈음은 일본군의 무자비한 탄압과 이로 인한 독립군의 이동이 한창이던 시기였다. 서로군정서 교성대는 1920년 7월경 중일 합동수색대의 추격을 피해 비교적 안전하고 피신이 용이한 안도현安圖縣으로 이동하였다. 그리고 한족회·신흥무관학교 관계자들도 대부분 피신하였다. 청산리전투를 전후한 와중에 한족회와 서로군정서 본부는 북만주의 액목현額穆縣으로 옮겼다. 이곳에서 조직을 정비하고 재기를 도모하였다.

　『독립신문』 기자를 역임했던 김경재金景載에 의하면, 당시 액목현에는 임시정부에서 파견된 윤기섭·안정근을 비롯하여 김좌진·홍범도·이청천·여준·김동삼·이탁 등이 모여 있었다. 12월 초경 임시정부 특파원들은 이들 독립군 부대와 협의하여 중로연합선전부中露聯合宣傳部를 조직하였다. 이 조직은 1920년 8월경 상해 임시정부와 러시아 혁명정부 사이에 체결된 공수동맹 조약문의 제5항 규정에 따라 설치되었다고 한다. 중소 국경지방의 한인에 대해 공산주의를 선전하는 내용을 언급하고 있지만, 임시정부는 중국과 러시아, 기타 세력과 연합하여 일본군에 대항하는 데 목적을 두었다.

　그 후 독립군 부대는 북만의 육도구六道溝를 거쳐 이해 12월 하순 밀산에 도착하였다. 청산리대첩을 승전으로 이끈 독립군 부대들은 밀산으로 집결하여 여기서 러시아의 지원하에 장기항전을 준비하고자 하였다. 이들은 대오를 정비한 뒤 다음 해인 1921년 1월에 우수리강을 건너 러시아령 이만으로 들어갔다.

당시 간도에 파견된 윤기섭의 활동을 알려주는 자료가 없어 그가 어디까지 독립군 부대와 동행했는지에 대해서는 알 길이 없다. 어쨌든 윤기섭은 독립군 부대가 러시아령으로 넘어갈 무렵인 1921년 2월 중순경 간도 시찰 임무를 마치고 상해 임시정부로 귀환하였다. 상해 도착 후 윤기섭은 봉오동 및 청산리전투를 비롯한 그간의 간도 상황을 임시정부에 보고하였다.

윤기섭이 상해 임시정부로 귀환할 때 북로군정서 장교로서 청산리전투에 참전했던 김훈金勳도 함께 상해에 복귀하였다. 김훈은 양림楊林·양녕楊寧이라는 이름으로 더 잘 알려져 있는데, 1936년 중국공산당군 사단 참모장으로 활약하다 전사했던 인물이었다. 처음 김훈이 군사를 배우기 시작한 곳은 신흥무관학교였다. 그는 1919년 가을에 신흥무관학교에 입학하여 수학한 윤기섭의 학생이었다. 그는 신흥무관학교 졸업 후인 1920년 5월 김좌진이 교장으로 있던 북로군정서 사관연성소로 가서 교관을 역임하던 중 청산리전투에 직접 참여하였던 것이다. 청산리전투에 직접 참여했던 김훈의 경험담은 1921년 3월 1일자 『독립신문』에 게재되었다.

2월 19일 오후 7시 대한교민단 사무소에서 약 200명의 참석자가 모인 가운데 윤기섭과 김훈을 위한 환영회가 열렸다. 환영회가 진행되었다. 저녁 7시 정각에 장붕張鵬 민단장의 사회로 먼저 애국가를 제창하고 민단장의 개회사, 나우羅愚 및 김태연金泰淵, 김선량金善亮의 환영사가 있은 후 찬양대의 환영가 병창이 있었다. 이어 윤기섭은 간도지역에서 일본군의 만행과 한인의 참상 등 간도 시찰 결과를 보고하였다. 그리고 김훈이 장쾌한 청산리전투 승리의 실전담을 보고하자 만장이 박수로써 환호하였다. 두 사람의 보고가 끝난 후 독립군 만세를 삼창하고 환영회가 끝났다.

간도에서 돌아온 윤기섭은 의정원에도 복귀하여 서간도 대표의원으로 계속 활동하였다. 하지만 제11회 의정원회의가 시작되는 1923년 초부터는 더 이상 서간도 의원이 아니라 경기도 대표의원으로 의정활동을 수행하였다. 그렇게 된 데는 윤기섭 자신이 몸담았던 서간도의 한족회 및 서로군정서와의 지속적인 상호연계가 점차 어려워졌기 때문으로 보인다. 즉 1922년 이후 서간도의 한족회와 서로군정서가 대한통군부大韓統軍府·통의부統義府·정의부正義府 등의 단체로 변천해가면서 상해와 서간도 두 지역간의 연계가 힘든 상황에서 서간도 대표의원을 계속 수행하는 데는 현실적으로 여러 가지 어려움이 따랐을 것이다. 이로써 윤기섭은 1921년 2월 간도에서 상해로 복귀하면서 8·15해방이 될 때까지 줄곧 관내지역에서 활동하게 되었다.

협성회를 조직하여 임시정부를 지지하다

윤기섭이 간도에서 상해로 복귀할 무렵인 1921년 2월 독립운동전선의 전열 정비를 위해 국민대표회의 소집론이 제기되고 있었다. 상해에서는 임시정부 및 이승만 대통령에 대한 논의가 분분하였다. 윤기섭이 임시정부 간도 시찰원으로 서북간도지역 일대를 시찰하고 있을 무렵인 1920년 12월 5일 임시대통령 이승만이 상해에 도착하였다.

임시정부에 부임하는 이승만 대통령 환영식

　　사실 임시정부 안팎에서는 미국에 체류하고 있는 대통령 이승만의
조속한 상해행을 촉구하고 있었다. 서간도에서 상해에 막 도착했던 윤
기섭도 이승만의 상해행을 촉구한 바 있었다. 3월 22일 임시의정원에서
는 그를 비롯한 왕삼덕·이진산·윤현진·신익희·계봉우 등 의원 16명이
'대통령 내도 촉구안'을 제안하여 통과시켰다. 이들은 제안문에서 "임시
대통령은 국가의 원수로 원지遠地에 구류久留하여 국무를 친행親行지 못함
으로 많은 지장과 체섭滯涉이 유하였도다.…… 정부의 만기정무를 수습
정돈하여 현 불가피의 독립혈전을 개시하려면 임시대통령이 임시정부
에 친림親臨함이 필요한 소이所以라"고 하였다. 임시정부 수립 이후 이승

만은 워싱턴에 구미위원부를 설치하고 미주동포가 갹출한 의연금을 정부의 출납 절차를 밟지 않고 사용하면서 외교 업무에 바빠 상해에 갈 수 없다고 계속 미루고 있었다. 그러던 차에 윤기섭을 비롯한 임시의정원 의원들이 그의 조속한 상해행을 촉구하였던 것이다.

이러한 내외 압력에 시달리던 이승만이 결국 상해에 오게 된 것이다. 임시정부에서는 이승만이 상해에 도착한 직후부터 그에 대한 기대와 비난이 엇갈리고 있었다. 민단을 비롯한 정부 주변의 단체와 인사들은 이승만을 환영하는 모임을 여러 차례 개최하는 반면, 다른 한편에서는 이승만을 비판하고 나섰다. 특히 북경에는 이승만 반대세력이 집결하여 군사통일촉성회(1920. 9)와 군사통일주비회(1921. 4)를 결성하면서 이를 중심으로 이승만을 비난하였다.

기대를 한 몸에 모은 이승만이 임시정부의 산적한 문제들을 풀어나가지 못하자 비판세력의 목소리는 점점 더 커져만 갔다. 그럴수록 국민대표회의 소집 요구는 힘을 얻고 있었다. 국민대표회의는 우여곡절 끝에 계속 연기되다가 1923년 1월에 이르러서야 겨우 열리게 되지만, 소집 요구 자체가 이승만에게 심각한 부담을 주었다. 특히 박은식을 비롯한 원로들과 의정원 의원들, 그리고 임시정부의 외곽에서 활동하던 인물들이 모여 1921년 2월 초에 발표한 '아동포我同胞에게 고告함'이라는 선언은 이승만에게 큰 충격을 주었다.

임시정부를 비판하는 선언들이 쏟아져 나오면서 임시정부 및 대통령 이승만을 옹호하는 측에서는 대응세력 결집에 나섰다. 이승만도 기호파 원로였던 이동녕·신규식·이시영 등과 함께 협의한 결과 자신에 대한 비난을 적극적으로 대응하기 위해 단체를 조직하기로 하였다. 여기에는 조완구·윤기섭·신익희 등을 비롯한 기호파 중견인사들이 참여하였다. 윤기섭의 경우 경학사 이래 서간도에서 함께 동고동락했던 이동녕·이시영 등이 이미 기호파에서 활동하고 있었고 또 그 자신도 경기도 출신이었으므로 자연스럽게 기호파에 합류하였던 것으로 보인다.

1921년 3월 5일에는 윤기섭·조완구趙琬九를 비롯한 임시정부 및 이승만 지지세력 45명이 "임시정부를 절대로 지지할 것, 현 대통령 이하 각 국무원을 신임할 것, 언론·행동 등 일체의 현 시국을 파괴함과 같은 행위를 방지하도록 노력할 것"을 선언하였다. 이에 대해 법무총장과 국무총리대리를 각각 맡고 있던 신규식과 이동녕도 적극적으로 지지하였다.

선언서 발표 직후인 3월 12일 윤기섭과 조완구는 임시정부를 지지하는 연설회를 개최하였다. 그 목적은 임시정부를 후원하는 단체를 설립하기 위한 것이었다. 이날 저녁 7시 상해 거류민단 사무소에서 열린 연설회에는 주로 임시정부를 옹호하는 인사들이 참석하였다. 윤기섭을 비롯하여 황중현黃中顯·조완구 등 3인의 연사가 차례로 연설하여 참석자들의 열렬한 호응을 받았다. 이들 연설은 당시의 정세와 그 속에서 임시정부의 나아갈 길을 밝히는 내용으로서, 청중들은 이에 깊이 찬동하여 연설회의 분위기는 상당히 고조되었다. 그 가운데 윤기섭은 「험한 바다 외로온 배에 함께 실린 우리險海同舟의 吾等」라는 제목으로 연설을 하였다. 『독립신문』은 세 사람의 연사 가운데 특별히 그의 연설문을 제4면의 한 면 전체를 할애하여 게재하였다. 당시 분위기를 최대한 생생하게 전달하기 위해 그의 연설문 가운데 주요내용을 원문 그대로 제시한다.

…… 저 하늘에 다은 듯한 험한 바다 우로 저어가는 외로운 배에 그 김통의 발동력發動力이 미약微弱하여 가면 밀어나가기 어려운 것은 정칙定則이며 그 배몸에 틈이나 구멍이 나면 바다물이 들어오는 것은 원리原理올시다. 만일 이리된다 하면 이 배는 반듯이 물속에 가라안즐 것이오 이에 실닌 모든 것은 이것저것 너나 할 것 업시 모도 자취를 일흘 뿐이외다. 아아! 저는 생각이 이에 이르메 새삼스럽게 떨니며 오장五臟이 터지는 듯 아푸외다. 아아! 여러분! 우리의 안힘은 아직 충실치 못하고 밧것 압력은 더욱 심한 이때에 깁히 반성하며 더욱 각오합시다. 들뜨이지 말며 덤뵈지 말며 비관하지 말고 냉정하게 침착하게 끈긔잇게 감정에게 부리우지말고 이성의 밝은 판단判斷으로 전력全力을 다하여 나갈 길을 헤치십시다! 우리는 재작년 삼월 좌우左右에 그 가졌든 맘, 그 가졌든 뜻, 그들이 든 정성, 그 두텁든 밋음으로 서로 손을 잡아가며 서로 일을 힘써 갑시다. 온 민족의 살고 죽는 운명의 배를 타고 젓는 이날을 당하여 무슨 겨를에 서로 길고 짜른 것을 다토려 하며 묵은 책쟝을 뒤지려 하며 가닥길을 차즈려 하겟슴닛가…….

임시정부를 '우리 독립운동의 중추인 최고의 정치기관'으로 규정하면서 임시정부와 그 산하에 모인 독립운동가들을 '험한 바다 외로온 배에 함께 실린 우리'에 비유하였다. 그리고 3·1운동 때 가졌던 초심과 한 배를 탄 공동운명체적 정신으로 시련을 헤쳐나가자고 역설하였다. 임시정부에 대한 여러 가지 논의를 서로 길고 짧은 것을 다투는 것으로 빗대어 단결을 강조하였다.

다분히 문학적이고도 감동적인 수사를 동원한 윤기섭의 연설은 참석자들의 심금을 울리기에 충분하였다. 장장 7시간에 걸친 열띤 분위기 속에서 진행된 연설회는 마지막으로 그 자리에 모인 청중들이 임시정부를 후원하기 위한 모임을 만드는 것으로 끝맺었다. 즉석에서 윤기섭을 비롯하여 조완구·황중현 등 20명의 위원이 선출되었다. 이날 연설회의 참석 여부는 불확실하지만 김구도 이 위원 명단에 포함되어 있는 것이 매우 흥미롭다. 우레와 같은 박수 속에 위원들의 인사가 있은 후 폐회하였는데, 이미 새벽 2시가 넘은 시각이었다.

이러한 논의를 바탕으로 1921년 3월 중순부터 윤기섭을 비롯한 황중현·조완구 등에 의해 임시정부 옹호단체의 결성 계획이 구체화되었다. 그 과정에서 윤기섭·조완구·황중현 등 세 사람이 주도적인 역할을 수행하였다. 조완구는 윤기섭이 상해에 온 후 줄곧 같은 집에 거주할 정도로 절친한 선배이자 동지였다. 황중현은 경기도 출신으로 1922년 임시의정원 의원에 보선되어 활동했던 인물이다.

협의결과 임시정부 옹호단체의 이름은 협성회協成會라고 하였다. 협동과 조화를 강조하는 명칭이다. 사실 협성회라고 하는 단체 이름은 1896년 서재필이 조직하고 이승만 등이 주도적으로 참여한 기독교 학생단체 '협성회'를 연상시킨다. 당초 이 학생단체의 목적은 학생들로 하여금 충군애국하는 마음을 굳게 세워 의기와 용맹을 기르고, 학생들 사이의 동창의식을 길러 서로 권면하고 마음과 힘을 합하여 민중을 계몽하는 것이었다. 단체 이름에서 협성회가 지향하는 바를 충분히 짐작할 수 있다.

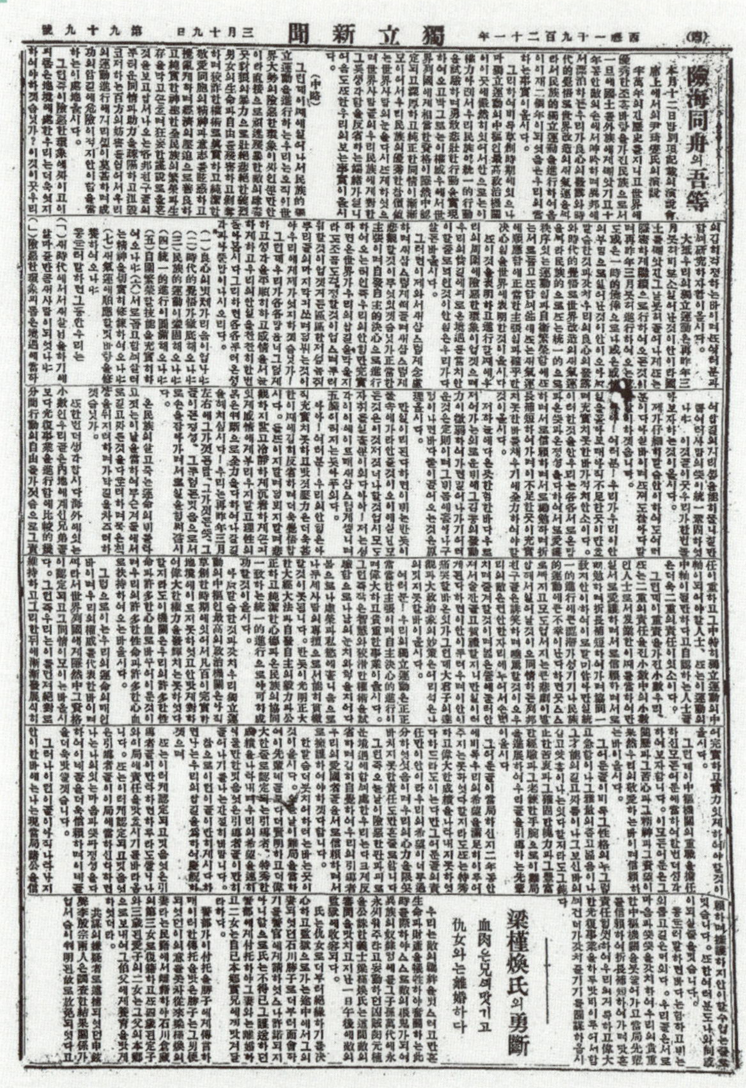

윤기섭의 연설문 「險海同舟의 吾等」을 전재한 『독립신문』(1921. 3. 19)

1921년 4월 24일에 상해현성上海縣城 서문 밖 혜령전수여학교惠靈專修
女學校에서 협성회 발회식이 거행되었다. 협성회에는 윤기섭을 비롯하여
신규식·장붕·신익희·조완구 등 기호파 인사들이 망라되어 있었다. 조
직이 정비되면서 협성회는 다음과 같은 4개 항목의 강령을 내걸었다.

① 임시정부를 절대적으로 옹호한다.

② 광복정신과 협진주의協進主義를 고무하고 엄격히 실행한다.

③ 국세 납입을 엄격히 실행한다.

④ 군사연습을 독려하고 진행한다.

협성회는 4개 항목의 강령을 실은 선언서를 발표함으로써 국민대표
회의 개최를 찬성하는 정구단正救團 세력에 맞섰다. 경우에 따라서는 임
시정부를 이승만의 활동 기반이 있는 미국으로 이전하는 방안도 배제하
지 않았다.

협성회는 프랑스조계 애인리愛仁里(지금의 연안중도 1079) 52호에 본부
를 두었다. 이곳은 상해에서 활동하고 있던 기호파의 통신 및 회합장소
였다. 1919년 임시정부 수립 이후 애인리에는 기호파 인사들이 많이 거
주하고 있어 기호파를 흔히 '애인리파'라고 부르기도 하였다.

협성회의 단원은 129명으로 한때는 246명까지 늘어나기도 하였다.
협성회는 매우 활발한 활동을 벌였다. 그 주된 활동은 연설회를 열거나
인쇄물을 배부하여 임시정부 지지여론을 높이는 것이었다. 일제가 파악
하고 있듯이, 윤기섭은 당시 상해 독립운동 진영에서 '기호파'의 중견인

물로서 미국에 있던 이승만이 파견하였던 이른바 '통신원'들과 교류하고 있었다. 이승만도 미국에서 자금을 마련하여 상해에서 자신을 지지하고 있던 협성회 인사들에게 활동자금을 지원하였다. 윤기섭도 이승만에게 위임통치와 관련하여 그 원인과 결과, 영향 그리고 이와 관련된 인물 등을 세상에 공포하여 오해를 푸는 것이 좋겠다고 제안하기도 하였다.

때문에 협성회를 개인을 옹호하는 단체로 이해하는 사람들도 적지 않았던 것이다. 사실 윤기섭과 조완구 등 협성회 핵심 인사들이 임시정부를 살리기 위해 이승만의 사퇴권고까지 고려하고 있었던 것으로 보아 협성회를 이승만의 단순한 '사조직'으로 보는 것은 재고의 여지가 있다.

아무튼 협성회에 대한 반대파의 부정적인 시각은 윤기섭에게 적지 않은 부담으로 작용하였던 것으로 보인다.

1921년 7월 30일 상해교민단 사무소에서 협성회 주최로 연설회를 개최하였다. 연사는 윤기섭과 신익희였다. 윤기섭은 협성회가 이승만 개인을 옹호하는 단체라는 세간의 '오해'에 대해 협성회는 어디까지나 임시정부를 유지하고 그 단점을 혁신하며 군사상의 지식을 함양하여 국가적 독립사업을 추진하는 단체임을 거듭 강조하였다. 마지막으로 그는 국민대표회의 소집을 요구하는 인사들이 민의를 신중하게 경청할 것을 요청하였다.

이 시기 협성회는 임시정부와 합작하여 외교활동에도 참여하였다. 협성회가 조직될 무렵 워싱턴 태평양회의(1921. 11. 11~1922. 2. 6)가 개최된다는 소식이 들려왔다. 태평양회의는 미국을 비롯한 9개국이 모여 아시아·태평양 일대의 이권을 둘러싼 열강의 대립을 외교적 수단으로 해결하기 위해 소집된 것이었다. 사실 불과 2년 전인 1919년 임시정부를 비롯한 민족운동 진영은 그 해 6월 열린 전후 문제를 논의하는 파리강화회의에 큰 기대를 걸었지만 이렇다 할 소득 없이 끝난 적이 있었다. 그후 1920년 4월 연해주참변, 그 해 10월부터 이듬해 봄까지 계속된 간도참변·국제연맹회의를 겨냥한 외교운동론의 소득 없는 귀결, 1921년 6월의 자유시사변 등은 한인들의 혁명적 열정에 찬물을 끼얹은 바 있었다.

하지만 임시정부를 비롯한 민족운동 진영은 이와 같은 국제회의에 다시 한번 더 기대를 하게 되었다. 그들은 이번에는 미일전쟁의 발발 가능성을 예측했고 때문에 태평양회의가 파리강화회의와는 달리 한국 문제가 의제 가운데 하나로 상정될 것으로 기대해마지 않았다.

태평양회의를 향한 기대는 중국인들과의 연대를 통해서도 나타났다. 상해의 민족주의자들은 1921년 5월 28일 중한국민호조사총사中韓國民互助社總社를 창립하였는데, 윤기섭도 창립 발기인으로 참여하고 있었다. 중한호조사는 제국주의에 반대하는 한국과 중국의 인사들이 연대하여 워싱턴 태평양회의에 대한 외교선전활동을 활발하게 전개하였다.

태평양회의 개최에 즈음한 1921년 11월에는 의정원의원 25인이 연서한 독립청원서를 각국 대표에게 발송하였다. 여기에는 윤기섭도 참여하였다.

그러나 막상 회의가 개최되자 미국을 비롯한 열강은 한국의 요구를 철저히 외면하고 미·중·일은 상호 협의하여 이권을 평화적으로 배분하였다. 이와 같은 회의 결과는 한국인들에게 큰 정신적 충격이었다.

물론 윤기섭이 태평양회의에만 기대를 걸었던 것은 아니었다. 그는 1922년 1월 소련에서 개최된 극동민족대회에도 큰 관심을 보였다. 1921년 소련의 코민테른은 미국 워싱턴에서 자본주의진영의 전후 회의인 태평양회의 개최에 대항하기 위해 시베리아의 이르쿠츠크(그후 모스크바로 변경)에서 극동민족대회를 개최하고자 하였던 것이다. 이에 소련의 '피압박약소민족'에 대한 지원을 기대하던 민족운동가들도 대거 참여하고자 시도하였다. 1922년 1월 21일부터 2월 2일까지 열린 이 대회에는 소련·중국·몽골·일본·인도·자바 대표 등 144명의 정식 대표가 참가하였는데, 한국 대표는 그 가운데 가장 많은 52명에 달했다. 상해에서도 신한청년당이 내부 반대를 무릅쓰고 김규식과 여운형을 파견하기로 하였다.

일제 관헌의 첩보에 의하면, 이때 윤기섭도 여운형과 함께 극동민족대회에 참석하기 위해 이르쿠츠크로 출발할 예정에 있었다. 여운형이 신한청년당뿐만 아니라 재상해 고려공산당 중앙위원으로 활동하고 있었음은 잘 알려진 사실이다. 이색적인 사실이지만 이 무렵 윤기섭도 고려공산당에 가입하여 활동하고 있었다. 서간도에서 상해로 온 윤기섭이 한때나마 조완구·신채호·선우혁 등과 함께 1920년 5월경 창립된 이동휘의 고려공산당에 가입한 바 있었다. 고려공산당의 임무는 한국·중국·일본의 동양 3국에서 사회주의를 선전하고 조직사업을 벌이는 것이었다. 고려공산당을 결성하면서 이동휘와 김립은 코민테른이 조선의 독립을 원조할 의지가 있다고 하여 임시정부 관계자들을 포섭하기 위하여 부지런히 접촉했다. 이때 임시정부 경무국장으로 있던 김구도 이동휘의 입당 제의를 받았으나 거절한 것은 잘 알려져 있다.

윤기섭이 고려공산당에 입당했다고는 하지만 그가 공산주의에 대해 깊은 이해가 있었기 때문은 아니다. 오히려 그의 입당은 고려공산당을 통해 러시아의 지원을 획득하자는 방편적인 성격이 강한 것이었다. 물론 여러 가지 사정으로 극동민족대회 참석은 이루어지 못했지만, 그는 다른 민족주의 인사들과 마찬가지로 미국뿐만 아니라 러시아와 같은 열강의 지원도 상당히 기대하고 있었다.

그후 윤기섭은 임시정부를 옹호하기 위해 실제로 임시정부 각원으로 입각하기도 하였다. 협성회 등의 활동으로 인해 윤기섭에 대한 이승만의 신임은 상당히 두터웠다. 이승만은 자신에 대한 비난과 국민대표회의 소집 요구에 직면하여 정부의 조직을 재정비하기 시작하였다.

1921년 4월 말에서 5월 초에 걸쳐 내각이 새로 조직되었다. 우선 사퇴한 국무총리와 각원들을 공식적으로 면직시켰다. 법무총장 신규식으로 하여금 국무총리를 대리하도록 한 것을 비롯하여, 의정원 의장이었던 손정도를 교통총장, 그리고 외무총장과 학무총장은 차장인 이희경과 김인전이 대리토록 하였고, 군무부 차장에 윤기섭, 국무원 비서에 신익희를 임명하였다.

이는 주로 기호지역 출신 인사들 중심의 개각이었다. 이로써 이동휘와 안창호를 대표로 하는 서북지역 인사들이 사퇴한 가운데 기호파 인사들이 임시정부를 장악하게 되었다. 윤기섭은 군무부 차장에 취임하였다. 이때의 인연인지는 몰라도 그는 1933년에서 1934년까지 임시정부 군무장을 역임하였고 1940년대 전반기 다시 임시정부에 참여한 후에도 군무부 관련 업무를 수행하였던 것이다.

국민대표회의가 개최되다

임시정부 존폐 문제를 둘러싸고 몇 해 동안 논의만 거듭되던 국민대표회의가 개최된 것은 1923년 1월 3일부터였다. 같은 해 6월 중순까지 상해에서 열린 이 회의는 중국 관내와 국내 및 만주·노령·미주 등 독립운동단체의 대표 130여 명이 한데 모인 한국독립운동사상 최대의 민족회의였다. 수개월 동안 지속된 회의는 독립운동 세력 간의 지역적 기반과 운동노선의 차이로 분열된 독립운동계의 통일방안과 활동방안을 모색하고자 하였다.

국민대표회의의 개최를 맞이하여 서간도 독립운동단체에서도 대표를 파견하였다. 김동삼·이진산·배천택·김형식이 서간도 대표로 상해에 왔다. 특히 김동삼은 한족회의 후신이라고 할 수 있는 통의부 대표이자 서간도 대표로 파견되어 국민대표회의의 의장으로서 활동하였다. 서간도 대표를 의장에 추대한 것은 서간도지역 독립운동단체의 위상을 반영한 것이었다. 특히 윤기섭과 오랫동안 함께 활동했던 이진산은 국민대표회의에 참여하여 헌법기초위원으로 활동하였다.

그러나 회의 벽두부터 두 가지 주장이 대립하면서 난관에 부딪쳤다. 하나는 임시정부를 그대로 유지하면서 실정에 맞게 효과적으로 개편·보완하여 이를 독립운동의 구심점으로 삼자는 '개조파'였고, 다른 하나는 임시정부를 해체하고 새로운 독립운동기구를 조직하자는 '창조파'였다. 임시정부 중심의 정부옹호파의 거센 반대 속에서 5개월여에 걸쳐 회의가 진행되었지만, 서로의 이견을 좁히지 못한 채 회의는 결렬되고 말았다. 회의가 창조파·개조파로 나뉘어 지루한 논쟁이 이어지자 김동삼을 비롯한 서간도 대표 4인은 의장과 대표 자격을 사임하고 서간도로 다시 돌아가고 말았다.

국민대표회의의 정국에서 윤기섭은 누구보다도 깊은 고민이 있었다. 윤기섭은 정부옹호파의 입장을 대변하면서도 임시정부의 문제점을 누구보다도 잘 알고 있었기 때문이다. 또한 그는 정부옹호파를 대표하여 정부를 옹호하면서도 한편으로 서간도 한족회의 개조론 입장도 대변하지 않을 수 없었다.

이 무렵 한족회와 서로군정서는 청산리전투 이후 일본군의 토벌로 인해 그 조직이 와해되고 세력은 분산되어 있었다. 청산리전투를 계기로 대부분의 서로군정서 대원들이 노령의 자유시로 이동했고, 또 노령으로 이동하지 않았던 대원들도 '경신참변'을 겪으면서 남만주 일대로 흩어지고 말았다. 그리하여 서로군정서의 독판 이상룡과 부독판 여준은 유하현에 있던 서로군정서의 기관을 북만주의 액목현으로 옮겼다. 10여 년간 구축해온 서간도의 근거지를 떠나게 된 것이다. 그러나 한족회는 북만주에 세력 기반이 없었기 때문에 여러 가지로 어려운 형편에 처하게 되었다. 침체에 빠진 서로군정서를 되살리기 위해 1921년 5월 독판 이상룡의 주도로 만주 액목현에서 중앙총회가 개최되었다.

총회는 위원제를 채택하고 간부를 새로 뽑아 조직을 재정비했다. 또 제기능을 상실하고 있던 임시정부를 개조한다는 결정도 채택하였다. 임시정부에 대해 개조를 요구하고 이승만의 위임통치노선을 반대하는 결의를 하고 이 결의가 받아들여지지 않으면 임시정부에서 서간도 대표를 소환하여 독자적으로 반일운동을 펼 것을 결의하였던 것이다. 그리고 여준·이탁·김동삼 등이 연서로 임시정부 개조의 필요성을 제의하는 결의문을 상해의 윤기섭 앞으로 발송하였다. 이 결의문은 "임시의정원으로 하여금 정부개조의 필요성을 제의하는 한편 이른바 위임통치 청원자를 퇴거시키고 정부를 파괴하려는 제3단체 참가를 허가하지 말 것" 등의 내용이었다. 여기서 위임통치 청원자는 이승만을, 정부를 파괴하려는 제3단체는 창조파 단체로 보인다.

그리고 뒤이어 서간도 대표가 직접 상해에 와서 임시정부에 대해 압력을 가하였다. 서간도 대표로 윤기섭과 함께 상해에 왔다가 그에게 모든 권한을 위임하고 서간도로 복귀했던 이진산이 1921년 7월 12일 다시 상해에 왔던 것이다. 그는 임시정부에 "첫째, 이승만 및 그의 공모자 전부를 추방하고 동인 등을 성토할 것, 둘째, 정부는 전에 33인이 서울에서 조직한 정부를 정식으로 승인하고 건설할 것, 셋째로 전에 고창되었던 통일책은 현재 어떠한 정도로 진행되고 있는지 회답할 것"이라는 3개 항목의 요구사항을 제시하였다. 아울러 그는 3일 이내에 이에 대해 만약 답변을 하지 않거나 답변이 불만족스러울 경우, 서간도는 상해에 파견되어 있는 윤기섭을 소환하고 임시정부와 관계를 완전히 단절하겠다고 압박하였다.

이에 대해 윤기섭이 구체적으로 어떻게 대응하였는지는 알 길이 없다. 다만 이러한 상황 속에서 윤기섭이 택한 길은 대통령 이승만을 사퇴시킴으로써 빈사 상태에 놓인 임시정부를 살리는 것이었다. 그는 임시정부를 옹호하지만 그 문제점에 대해서는 정부로 하여금 주도적으로 개선하게 함으로써 사태를 해결하려고 하였다. 그럼으로써 자신의 지론인 임시정부 옹호론과 한족회의 개조론 입장의 모순을 해결하려고 했던 것으로 보인다.

실제로 임시정부와 이승만을 적극적으로 옹호하던 협성회도 거의 활동이 없어 유명무실해졌다. 1921년 하반기 윤기섭은 조완구·신익희·조상섭·이유필 등과 함께 정부의 실상을 들어 비공식적으로 이승만에 대한 대통령 사직권고를 제기하고 있는 것으로 보아 이승만과는 어느 정도 거리를 두기 시작한 것으로 보인다. 특히 이승만이 주력한 태평양회의가 무위로 돌아가자 적지 않은 이승만 지지자들이 이탈하거나 반이승만세력으로 편입되기 시작하였다. 이때 윤기섭도 이승만 지지세력으로부터 이탈하였다. 1925년 이승만에 대한 탄핵 이후 기호파의 이시영·조완구가 이를 규탄하는 성명을 발표하거나, 조소앙趙素昻을 중심으로 상해에서 동지회同志會 지부가 결성될 때에도 윤기섭은 여기에 참여하지 않았다. 동지회는 이승만이 미국 본토와 하와이에서 자신의 지지세력을 결집하여 조직한 일종의 친위단체였다.

임시정부는 창조파의 신정부 건설이 무산됨으로써 2개의 정부 존립이라는 부담을 덜 수 있었다. 이제 국민대표회의에 의한 정부 개조가 아닌 임시정부 스스로에 의한 체제 개편이 불가피하였다. 그리하여 1924년 6월 우선 임시의정원에서 대통령 유고안을 통과시키고, 종전의 개조파의 주장을 수용하여 각원의 개선, 임시헌법의 개정을 실행하기 위한 임시헌법 기초위원회를 조직하였다. 이어 7월 2일자로 헌법기초위원회 규정과 기초위원을 발표하였다.

임시정부는 1924년 4월 내무총장 이동녕을 국무총리로 임명하고 새로운 인사를 입각시켜 내각을 쇄신하고자 하였다. 그리고 임시의정원에서도 8월 21일 대통령 유고를 결정하고 이동녕 국무총리에게 직권을 위임하였다. 임시정부의 국무총리 이동녕은 9월 3일 국무원령 제1호로 독립당대표소집간장獨立黨代表召集簡章을 제정·공포하였다. 그 내용은 국무원 중에서 위원회를 조직하여 1924년 12월 이내에 임시정부가 주도하는 국민대표회의를 개최하며, 참가대표는 단체 대표와 정부에서 지정하는 대표로 구성하고 아울러 소집에 따른 일체의 비용을 정부에서 부담한다는 것이다. 임시정부가 독립당대표소집간장을 공포한 데는 같은 해 7월

12일 윤기섭을 비롯한 윤자영·조상섭·황규성 등 개조파 의원 20명이 제안하여 가결된 '독립당대표회의소집건의안'으로부터 시작되었다. 이는 국민대표회의가 결렬된 뒤 개조파가 모색했던 대동통일운동의 연장이었다. 그러나 이 회의는 임시정부의 권위가 이미 크게 훼손된데다 회의에 소요되는 비용을 마련할 방안도 없는 상태여서 회의 소집은 현실적으로 불가능하였다.

1924년 12월에 이루어진 내각 개편에서 박은식이 대통령대리 겸 국무총리에 선출되었다. 박은식 체제하의 임시정부는 1925년 3월 10일자로 행정령 제1호를 발하여 구미위원부를 폐지하였다. 대통령 사퇴 권고에 대해 이승만은 그 어떤 대안도 마련하지 못한 채 국민대표회의가 일부 인사들의 농락 수단이었다고 비난하고 나아가 정부 개편 작업을 진행하고 있는 임시정부의 권위를 무시하였다.

이후 3월 18일 대통령 탄핵안이 통과되었고 23일 이승만은 대통령에서 면직되고 박은식을 대통령에 선출하는 등 정부 개편 작업은 숨가쁘게 진행되었다. 박은식 대통령의 지휘하에 4월 7일 임시헌법개정안이 통과됨으로써 임시정부는 대통령제가 폐지되었고 국무령 중심의 내각책임제로 개편되었다.

내각책임제의 정부 운영도 결코 순조롭지 못하였다. 1925년 4월 개정 '임시헌법' 발효 이후 이상룡·양기탁·안창호 등이 국무령으로 추대되었으나 모두 내각 구성에 실패하였다. 특히 이상룡을 국무령에 추대한 것은 임시정부가 서간도 독립운동단체와의 불편한 관계를 개선하기 위한 것이었다. 임시정부로서도 침체된 국면을 타개하기 위해서는 어떻게 하든 만주의 독립운동가들을 임시정부에 참여시키지 않으면 안 된다는 판단이 작용하고 있었다. 그러므로 이상룡의 상해행은 서간도의 한족회 및 서로군정서에서 활동했던 윤기섭으로서도 각별한 감회가 없을 수 없었다.

그러나 제1대 국무령으로 취임한 이상룡도 인물난으로 조각을 하는데 실패하고 서간도로 돌아갔다. 잇따른 조각 실패에 이어 1926년 7월 홍진이 국무령에 취임하여 일단 조각에는 성공하였다. 그러나 그마저 6개월 만인 같은 해 12월에 총사퇴하고 말았다. 그 뒤를 이어 김구가 국무령으로 취임하여 윤기섭·오영선吳永善·김갑金甲·김철金澈 등으로 일단 내각을 구성하였다. 그러나 조각 곤란의 문제점을 직시한 김구 국무령은 곧바로 제3차 개헌에 착수하였다. 이는 "현행제도로는 내각 조직이 번번이 곤란함을 통감하였다."는 김구의 지적 그대로 헌법과 현실의 괴리를 파악한 데서 나온 것이라 하겠다. 즉 조직이 곤란함을 통절히 깨달아 '한 사람에게 책임을 지우는 국무령제를 폐지하고 국무위원제로 개정'하였던 것이다.

또한 김구는 "국무위원은 권리 책임 면에서 균등하였고, 국무회의를 주재하는 주석은 국무위원들이 돌아가면서 맡게 하여 종래의 분리를 일소할 수 있었다."고 하여 국무위원제로 개헌을 정당화하였다. 제3차 개헌은 한마디로 국무령제 제2차 개헌 이후 연이은 조각 실패에 따른 혼란을 극복하고 독립운동의 중심기관으로서 임시정부를 효과적으로 유지시켜 나가기 위한 현실적 헌법으로 개정이었다.

여기서 잠시 제3차 개헌의 과정을 살펴보면, 1927년 1월 12일 윤기섭이 작성한 개헌안을 임시의정원 회의에 발의하였으나 같은 달 15일 부결되었다. 다시 김갑·이규홍李圭洪 등이 수정 작성한 개헌안이 같은 해 2월 15일 임시의정원에서 통과되어 3월 5일 공포되고 4월 11일자로 발효되었다. 1925년 개정 '임시헌법'에 비해 15개조가 더해져 전문前文 없이 총 50개조로 된 새 '임시약헌'은 우선 정부 운영에서 국무위원제로 바꾸어 집단지도체제를 채택하였다. 따라서 국무령이라는 정부 수반을 없애고 국무회의에 주석을 두었으나, 이는 국무위원 가운데 호선互選되고 국무회의를 주재할 뿐이었다.

그러나 약헌의 가장 중요한 특징은 약헌 제2조의 단서 조항, 즉 "광복운동자가 대단결한 정당이 완성될 때는 최고 권력은 그 당에 있는 것으로 한다."라는 규정이었다. 소련의 공산당이나 중국의 국민당과 같이 '이당치국'을 헌법에 명시함으로써 1919년 이래 독립운동의 최고기관의 조직론을 둘러싼 기나긴 논쟁은 '당적 형태'로 마무리되었다. 1920년대 중반 민족·사회주의 양 진영에서 제기되었던 민족협동전선론은 절대독립과 사회혁명을 목적으로 하는 '민족혁명론'과 이를 위한 민족유일당 건설로 귀결되었다. 이 과정에서 독립운동의 최고기관으로서 임시정부의 존재에 대한 가치는 인정되었지만 실질적 역할은 민족유일당으로 이전되었다.

임시의정원 의장으로 활동하다

윤기섭은 오늘날 입법부인 국회에 해당하는 임시의정원에서 매우 적극적인 활동을 펼쳤다. 임시정부가 임시의정원에 의하여 탄생했고, 임시의정원에 의하여 통치되었을 뿐만 아니라 유지되었던 것은 주지하는 바와 같다. 임시정부는 임시의정원이 있었기에 정부로서의 위상과 권위를 지닐 수 있었다.

임시의정원은 1919년 4월 10일 저녁 10시에 처음 소집되었다. 회의 장소는 상해 프랑스조계 김신부로金神父路에 위치한 2층 양옥이었다. 이날 회의에 참석한 인원은 모두 29명이었다. 이들은 이동녕과 손정도를 각각 의장과 부의장으로 선출하여 회의를 진행하였다. 다음 날 4월 11일 오전 10시까지 계속된 회의의 결과, 이승만을 수반으로 한 한국 최초의 공화제 정부인 대한민국임시정부가 탄생하였다.

임시의정원은 국민주권의 상징이라 할 수 있는 대의제 기구였다. 제1회 임시의정원 회의에서 제정된 임시헌장(10개조)의 제2조에서는 "대한민국은 임시정부가 임시의정원의 결의에 의하여 차此를 통치함"이라고 선언하였다. 제10조에서는 "임시정부는 국토회복 후 만 1개년 내에 국회를 소집함"이라고 하여, 임시의정원이 해방 후 새로운 정부가 구성될 때까지 국회의 기능을 갖는다는 점을 밝혔다. 요컨대 임시의정원은 임시정부 내 최고 의결기구로서 해방 후 정부 수립까지를 염두에 두고 만들어졌다.

1919년 4월 25일에 열린 제3회 임시의정원 회의에서는 전문 13장 57개조로 구성된 임시의정원법을 만장일치로 통과시켰다. 이로써 의정원 성립의 법적 근거가 마련되었다. 제1장 강령의 제1조에서는 "의정원은 각 지방 인민의 대표의원으로 조직함"이라고 하여 국민의 대표기구임을 명시하였다. 의원의 정원은 지방 인구의 다과에 의거하여 정한 바, 경기도 6인, 충청도 6인, 경상도 6인, 전라도 6인, 강원도 3인, 함경도 6인, 황해도 3인, 평안도 6인, 중령 교민 3인, 아령俄領 교민 3인, 미령美領 교민 3인을 합하여 모두 51명이었다. 독립운동 시기의 특수한 상황을 고려하여 국외 교민들에게도 대표권을 부여하였다. 하지만 국내의 경우 의원선거가 현실적으로 불가능했기 때문에 상해 한인들을 대상으로 출신지에 따라 '도별위원선정협의회'를 구성하여 의원을 선출하였다. 중령·노령·미령은 그곳 동포들이 직접 선출하여 상해로 파견하는 형식을 취하였다. 윤기섭이 서간도에서 상해로 파견된 것은 바로 이 중령 대표 의원의 신분이었다.

의원의 임기는 2년이며, 매년 3분의 1을 개선토록 했다. 의정원의 '직권'으로 13개 조가 열거되었는데 주요 조항만을 보면 다음과 같다.

① 일체 법률안에 의결함

② 임시정부의 예산 및 결산을 의결함

③ 국무원 및 주외공사를 선정함

④ 선전宣戰 강화講和와 조약체결을 동의함

⑤ 인민의 청원을 수리함

⑥ 국무원의 모반행위가 있을 때는 출석원 4분의 3 이상의 가결로 탄핵함을 얻음

여기서 임시정부가 임시의정원에 의하여 통치된다는 임시헌장의 기

본 취지를 확인할 수 있다. 그리고 1919년 9월에 제정된 대한민국 임시 헌법에서는 "대한민국의 입법권은 의정원이, 행정권은 국무원이, 사법 권은 법원이 행사한다."라고 규정하여 삼권분립의 원칙을 밝혔다. 그러 나 실제로 사법권이 독립된 일은 없었고, 의정원은 행정부가 집행하는 국정 전반의 주요 사안에 대하여 심의·의결하는 동시에 국무위원의 임 명 동의권과 국정의 최고 책임자인 임시대통령을 탄핵할 수 있는 권한 을 가졌다. 이는 행정부에 대한 의정원의 우위를 보여주는 것이다. 의정 원에서 임시대통령을 탄핵한 경우는 1925년 탄핵된 이승만이 유일하였 다. 한편 임시헌법 제34조에서는 "임시의정원은 완전한 국회가 성립되 는 일日에 해산하고 그 직권은 국회가 차此를 행함"이라고 하여 국권회복 후에 구성된 국회가 임시의정원을 계승한다는 점을 명확히 하였다.

윤기섭이 임시의정원에서 활동하기 시작한 것은 1920년 2월 말부터 개최된 제7회 임시의정원회의에 서간도 대표로 참석하면서부터였다. 이 회의는 1919년 9월 통합임시정부 수립 후의 첫번째 의정원회의였다는 의미가 있었다. 앞에서 본 바와 같이, 그는 서간도 대표의원으로서 "군 사에 대한 건의안"을 제출하고 만주를 중심으로 한 적극적인 독립전쟁 노선을 제시하면서 의욕적인 의정활동을 시작하였다.

당시 의정원 회의록 등을 볼 때, 윤기섭은 의정원 내에서 누구보다 도 활발한 의정활동을 벌였다. 그의 의정활동을 정리한 〈표 1〉에서 볼 수 있듯이, 회의에서는 늘 적극적이고도 서슴없이 발언하였다. 그러면 서도 남들이 소소하게 생각하는 숫자 하나도 소홀히 넘기지 않았다. 가 령 제12회 의정원회의(1924. 6. 9)에서 회기 연장안이 재석在席 15인 가운

<표 1> 1920년 상해 도착 후 윤기섭의 의정활동

회차	날짜	의정활동 내용
제7회	1920. 3. 4	의원 당선증서를 제출하여 자격 심사 후 정식 의정원 의원이 됨
	1920. 3. 5	의정원 의원들의 환영 속에 서간도 대표의원으로서 의정원회의에 처음 참석
	1920. 3. 11	유경환 의원 징계 문제와 관련하여 정부 및 의정원의 조속한 조치를 촉구
	1920. 3. 16	이유필 · 김홍서 · 이진산 등과 함께 독립전쟁 등과 관련한 질문을 국무원에 제출
	1920. 3. 18	의정원 회의에 불참하는 의원들의 출석을 촉구
	1920. 3. 19	홍도 의원과 함께 제4과에 소속
	1920. 3. 22	신익희 · 윤현진 · 계봉우 등과 함께 16의원 명의로 '대통령 내도 촉구안' 통과
	1920. 3. 30	정부의 군사계획과 관련하여 '군사에 관한 건의안'을 제출하고 이에 대한 비통한 연설
제8회	1921. 2. 28	의정원 제8회 개원식에 참석
	1921. 3. 18	이원익 · 이유필과 함께 신도의원 자격심사위원에 위촉
	1921. 4. 6	신도의원 박찬익 등의 자격심사에 대한 결과를 보고 상임위원의 겸임문제에 대해 발언
	1921. 4. 26	신도의원 정영준에 대한 자격심사 결과를 보고
	1921. 4. 29	회기연장에 대한 내용을 토론
	1921. 4. 30	정부의 법률기초위원 장정을 반대하는 발언을 함
	1921. 5. 3	정부 임원의 조속한 임면과 제반 정무에 충실할 것을 요구하는 정부촉성제의를 13인 연서로 제출함
제8회	1921. 5. 9	조완구 등과 함께 제1과 법제위원회 상임위원에 위촉
	1921. 5. 13, 5. 16	법제위원회의 회계법 심사보고에 대해 토론
	1921. 5. 19	대통령의 교서 낭독 및 원년도 결산과 관련해 발언

회차	날짜	의정활동 내용
제9회	1921. 9.29	제7과 청원·징계위원회 상임위원에 위촉 예산안에 대해 발언
제10회	1922. 2. 28	신도의원 심사보고 및 제2과 내·외무, 제4과 군무, 제6과 예산결산 상임위원으로 선임
	1922. 3. 3, 7. 8	정부위원으로 참석하여 정부제안에 대한 취지 설명
	1922. 3. 10	의원 선거 상황에 대해 내무차장 조완구와 질의
	1922. 3. 11, 3. 13	신익희·양기하·손정도·연병호 등과 함께 해내외 인사를 망라한 인사들의 대회 개최 건의안을 제출
	1922. 3. 14	헌법발포일(4.11)을 국경일로 하자는 김인전 등의 제의안에 대해 토의
	1922. 3. 15	해내외 인사를 망라한 대회의 개최 건의안에 대해 토의하였으나 부결됨
	1922. 3. 21	정부 관직의 겸직을 반대하는 발언을 함
	1922. 4. 4, 5	국민대표회의 관련 인민청원안에 대한 토의에서 이를 반대하는 발언을 함
	1922. 4. 7	임시정부의 상황을 대통령께 알리는 문제에 대해 토의
	1922. 4. 12, 13	인민청원안의 조문에 대해 격렬하게 논전함
	1922. 4. 17	대통령에게 다시 전보를 보내는 문제에 대해 토의
제10회	1922. 4. 25, 4. 26, 5. 8	장붕 등과 함께 임시정부 및 임시의정원을 영구적 제도로 하자는 제안
	1922. 5. 19	윤기섭의 사면청원을 봉환하기로 가결
제11회	1923. 4월경	의원 보결선거로 경기도 의원으로 선출 제7대 임시의정원 의장에 선출
	1923. 6월경	의장으로서 임시헌법 개정안 결의를 정부에 보내지 않고 무효를 선포
제12회	1924. 2. 29	제12회 의정원회의를 소집하고 회의를 주재

 대한민국 임시정부의 민족혁명가 윤기섭

회차	날짜	의정활동 내용
제12회	1924. 3. 12, 3. 15	의원 사면원 및 신도의원 심사보고를 진행
	1924. 3. 20	조상섭을 부의장으로 선출
	1924. 3. 21, 3. 26	의장 사면원을 제출, 다시 의장으로 선출되었으나 절차 상 하자가 있다는 문제제기가 있어 재논의
	1924. 3. 27, 3. 28	의장 사면원이 수리되고 조상섭을 의장, 여운형을 부의장으로 선출
	1924. 4. 3	의원들의 청유서, 사면원을 처리
	1924. 4. 16	신도의원 강경선의 자격문제에 대해 토의
	1924. 4. 17	정부에서 의정원으로 온 공문의 적법성에 대해 토의
	1924. 5. 19, 30, 31, 6. 2, 3, 7, 9	신도의원의 의정원에 등록심사하는 절차에 대해 토의하고 의사결정에 필요한 과반수의 정확한 숫자에 대해 발언
	1924. 6. 10	의원 사면원을 제출함
	1924. 6. 25	2주 휴식 후 다시 회의에 참석함
	1924. 7. 12	윤자영 · 조상섭 등과 함께 '독립당대표회의소집건의안'을 제안하여 가결됨
제18회	1926. 12. 30	헌법개정 제의안을 제출하고 헌법기초위원으로 선출
제23회	1931. 12. 24	의원 보결 선거로 경기도 의원으로 선출
제24회	1932. 11. 28	남경에서 항주로 가서 의정원회의에 참석함
제25회	1933. 3. 6	의정원회의에서 국무위원으로 선출됨
제26회	1934. 1. 2	진강에서 열린 의정원회의에 참석함
제27회	1934. 10. 30	항주에서 열린 의정원 회의에 참석하여(마지막 의정원회의 참석임) 국무위원 사면원을 제출하여 수리됨
제28회	1935. 10. 23	임시약헌 제23조(개회 후 이유 없이 2주일까지 결석할 경우 의원의 직무는 자연 해임)에 의하여 의원 자격이 자연 해임됨

※ 출전 : 현재 남아 있는 의정원 회의록 등에 근거

데 가(可) 8인, 부(否) 2인으로 재석 과반수로 통과되자 윤기섭이 15인의 반수는 일곱 반인데 사람의 경우도 반분(半分)이 가능하냐고 따지면서 8인이란 반명이 더한 데 지나지 않는 것인만큼 과반수가 아니라고 이의를 제기하여 논란이 벌어졌다. 그다지 중요하지 않은 것으로 치부할 수도 있겠지만, 숫자 하나라도 그냥 넘기지 않는 그의 꼼꼼한 면모를 잘 보여주고 있다.

1920년 이후 의정원의 운영은 순조롭지 못하였다. 임시정부가 파국으로 치닫고, 많은 인사들이 임시정부를 떠나면서, 의정원 역시 제대로 운영되지 못하고 있었다. 의정원은 매년 2월에 정기의회를 개최하도록 되어 있었지만, 1921년 2월의 정기의회는 의원수 부족으로 두 달이 지난 후에야 겨우 개원할 수 있었다. 1921년 3월 정기의회 개회 당시 윤기섭은 중령 의원으로 상임위원회 제1과(법제) 분과위원으로 활동하고 있었다. 이때는 윤기섭이 간도 시찰을 마치고 상해에 복귀한 직후였다.

1921년 5월 4일 임시의정원 제8차 회의 7일 회의에서 윤기섭 외 13의원의 연서로 제출한 '정부촉성제의'를 20명 출석에 18명 찬성으로 통과시켰다. 그 내용은 임시의정원이 임시대통령과 국무원으로 하여금 각 문무 관원을 일주일 이내에 임면하고 희생적 책임 아래 더욱 독려 결속하여 혼란에 빠진 정부의 정비를 촉구하는 것이었다.

그리고 국민대표회의 소집 요구가 제기되고 있는 가운데 1922년 2월 8일부터 임시의정원 제10차 회의가 열렸다. 이 회의는 국민대표회의 소집을 요구하는 쪽과 이를 저지하려는 정부옹호파의 공방으로 뜨거웠다. 대통령 이승만은 미주에서 대통령선언(1922. 3. 2)을 발표, 국민대표회의 소집 요구는 국민의 대표기관인 임시의정원의 권위를 부정하는 것이라고 비난하였다. 이러한 가운데 3월 11일 윤기섭은 신익희 등 5인 의원과 함께 다음과 같은 건의안을 제의하였다.

우리 조국을 광복하자는 독립운동에 관한 일체 강령·방략·정책을 원만히 협의하여 적법 또는 합리코 민속히 실행키 위하여 내외 각지 단체(독립운동에 종사하는 자)의 대표와 내외 각지의 신망 급 지식이 특정한 인사를 망라한 대회의를 가급적 속히 소집할 일을 임시정부에 건의함.

이 건의안은 정부 주도의 독립운동자 회의소집을 주장한 것으로, 국민대표회의 소집 요구에 대한 대안으로 제기된 것이었다. 이승만의 대통령선언과 국민대표회의 소집 요구측의 주장을 절충한 것이었지만 부결되었다.

그리고 1922년 4월 25일 윤기섭은 홍진·장붕 등과 함께 '임시정부와 임시의정원을 영구적 제도로 개정'하자는 제안을 의정원에 제출하였다. 임시정부를 영구적 제도로 개혁하고 회의 소집권을 대통령에게 위임하자는 이 안은 사실상 정부옹호파가 주도하는 광복운동자회의를 통해서 국민대표회의를 대신하겠다는 의도였다. 의정원에서도 이를 받아들여 구체적 방안을 마련하고자 하였다. 하지만 6월 이후 정기의회가 제대로 열리지 못하면서, 구체적 방안을 마련하지는 못했던 것으로 보인다.

그는 계속하여 임시정부 주도의 정부 개선을 추진하였다. 그는 제10차(1922) 의정원의 3월 13일 제12일 회의에서는 국민대표회의 소집과 상관없이 정부 주도의 독립운동자 회의소집 건의안을 제기하였다. 그리고 4월 3일 제25일 회의에서 도인권都寅權 등 5인의 소개로 천세헌千世憲 등 102명이 제출한 인민청원안(국민대표회의 소집요구안)에 대해서는 반대 의견을 제시하였다.

국민대표회의 소집을 요구하는 인민청원안이 가결된 직후인 4월 25일 의정원회의에서 윤기섭을 비롯한 장붕·홍진 등 6인의 의원은 의정원 명의로 "4개월 이내에 임시의정원과 아울러 광복운동자회의를 소집할 것을 대통령에게 요구하자"고 제안하였다. 그리고 이를 통해 "임시정부와 임시의정원을 영구적 제도로 개정하기로 준비"한다는 것이었다. 윤기섭은 "본안의 정신은 조직체(국무원과 의정원)를 좀 더 완전하고 단단하게 하자 함에 있으니 국민대표회의에서 무엇을 하기만 기다리지 말고 본원에서 헌법, 관제, 원법 전체에 착수하여 가히 개정할 자를 개정하도록 하는 것이 가하다."고 하였다. 이는 정부가 먼저 국민대표회의에 앞서 주도적으로 개혁해야 한다는 것이다.

임시의정원에서는 1922년 6월 17일 제10차 회의 제58일 회의를 열고 이승만 임시대통령 및 국무원에 대한 불신임안을 출석의원 17인 중 찬성 12, 반대 0으로 통과시켰다. 그에 앞서 6월 12일 불신임안 취지 설명에서 제안자 오영선은 ① 내정 불통일, ② 외교 실패, ③ 조각불능을 대통령 불신임 사유로, 첫째로 전기 대통령 불신임에 대한 책임, 둘째로 무정부 상태 시국에 대처한 성의가 없음을 국무원 불신임 사유로 각각 제시하였다.

불신임안의 가결은 임시의정원 내 정부옹호파와 개조파의 균형을 깨

뜨렸다. 1923년 2월 15일 개원된 제11회 의정원은 대부분의 의원이 개조파였다. 윤기섭·조완구·민제호 외에는 거의 대부분이 서북지방 출신의 개조파 인사들이거나 동조자들이었다. 국민대표회의가 1923년 초부터 열리고 있는 가운데 '개조파'는 의정원 내에서 다수를 점하는 데 힘입어 임시정부와 의정원에 대한 대대적인 '개조'에 착수하였다.

이 무렵 의정원 의장 장붕張鵬이 사임하였다. 1923년 4월경 윤기섭이 장붕의 뒤를 이어 임시의정원 제7대 의장에 취임하게 되었다. 부의장에는 개조파 의원인 도인권이 선임되었다. 임시의정원 의장은 오늘날 국회 의장에 해당하는데, 입법부의 수장이라 할 수 있다. 임시의정원 의장의 주요 임무는 의정원 내의 질서를 유지하고 의사議事를 정리하며 대외적으로는 임시의정원을 대표하는 얼굴이었다.

그는 1923년 4월경 의정원 의장에 선출되어 다음 해인 1924년 3월까지 약 1년 동안 의정원의 수장을 맡았다. 윤기섭이 의장직을 수행했던 때는 임시의정원의 역사에서 가장 어려운 시기 가운데 하나였다. 다시 말해 1923년 초부터 헌법기관인 임시의정원의 권위를 무시하는 국민대표회의가 열렸고 이 회의가 끝난 후 상해 독립운동 진영이 그로 인한 후유증을 앓고 있던 시기였다.

의장에 취임한 직후부터 윤기섭은 매우 어려운 상황에 부딪쳤다. 1923년 4월 27일 도인권 등 개조파 세력 26명이 헌법개정안을 제출하여 의정원 내에서 이에 대한 논의가 분분하였다. 이러한 속에서 5월 4일 문시환文時煥 의원이 "임시대통령제를 폐지하고 그에 속했던 직권은 국무원과 임시의정원에 나누어 이관하고, 필요한 경우에는 '특종회의', 즉 국민대표회의에서 임시헌법을 개정하고 기타 중대 사안을 처리할 수 있게 하자"는 동의안을 제출하였다. 의정원을 무시하는 내용임에도 불구하고 회의를 주재하던 의장 윤기섭은 문시환의 동의를 일단 수리하였다. 의장이라는 직책상 중립적인 위치에서 회의를 주재해야 하는 데서 오는 고충이 있었다. 그런데 부의장 도인권은 문시환의 동의를 찬성하고 나아가 회의에 참석한 의원수가 정족수에 미달됨에도 불구하고 이 안을 표결에 부쳐 통과시키면서 사태는 악화되었다.

이 안은 정부옹호파의 거센 반발을 야기하였다. 조완구는 국민대표회의와 의정원이 병립하는 일은 의회 사상 기이하며 큰 치욕이라며, 여기에 참여한 의원들을 "개조파의 주구가 되어 의회의 신성을 모독한 협잡의원"이라고 공격하는 내용의 성토문을 배포하였다. 관망하던 국무총리 노백린도 「국무원포고」 제2호를 발표, 현 임시정부의 유지와 국민대표회의측의 반성을 촉구하였다.

이어 5월 7일에는 김용철 등 7명의 의원들이 위헌적인 결의안을, 그것도 다수 의원이 퇴장한 상태에서 통과시킨 책임을 물어 의장 윤기섭과 부의장 도인권, 그리고 동의안을 제출한 문시환 의원에 대한 징계안을 제출하였다. 6월경 다시 개회된 회의에서 의장 윤기섭은 문제가 되었던 임시헌법 개정안 결의를 정부에 보내지 않고 무효를 선포하면서 사태는 일단락되고 6월 17일 제11회 의정원회의도 막을 내렸다. 따라서 국민대표회의를 매개로 임시정부·임시의정원과 협상을 통해 정부를 개조하려던 시도는 무산되었다.

1924년 2월 29일 프랑스조계 포백로蒲柏路(지금의 태창로) 명덕리明德里

26호 임시정부 청사에서 제12회 의정원회의가 소집되었다. 당일 오후 3시부터 개원식이 거행되었다. 중요 참석자는 의장 윤기섭을 비롯하여 여운형·조완구·김붕준·최석순·조상섭·김승학 등 7명의 의원과 임시정부측에서 국무총리 노백린, 내무총장 김구, 외무총장 조소앙, 재무총장 이시영 등이었다. 의장 윤기섭의 식사式辭와 국무총리 노백린盧伯麟의 고사誥辭가 있은 후 다시 윤기섭이 답사를 하였다. 이어 일동이 애국가 제창 및 대한민국 만세를 삼창하고 4시 20분에 폐회하였다.

그리고 3월 21일 열린 의정원회의에서 의장 윤기섭은 1923년의 의정원회의에서 '문시환 동의안'을 둘러싼 절차상의 문제에 대해 재차 이의가 제기되자 이에 대한 책임을 지고 의장직 사면원을 제출하였다. 이에 사면원이 수리되고 여러 의원들이 투표 결과 조상섭趙尚燮이 의장에 선출되었다.

윤기섭이 정력적으로 의정활동을 펼친 1920년대의 임시의정원은 어떻게 보면 소모적인 논쟁만 하느라 실제 독립운동에는 기여한 것이 별로 없다는 비난을 받을지도 모른다. 그리고 민주주의 제도에 대한 미숙한 운영도 부인할 수 없을 것이다. 그러나 모든 논쟁이 임시의정원이라는 틀을 크게 벗어나지 않았고 임시정부와 임시의정원의 해산으로 귀결되지도 않았다. 때문에 임시정부의 국무원과 임시의정원은 그 활동 주역들이 떠나간 뒤에도 새로운 인물들로 다시 채워질 수 있었다. 이후 독립운동선상에서 정당운동의 씨앗이 이때 뿌려지는 것을 볼 때, 이 시기 임시의정원의 활동은 이후 독립운동이 한 단계 도약하는 과정이었을 뿐만 아니라 한국 의회민주주의의 발전에도 의미 있는 역사적 체험이 되었다.

윤기섭의 의정활동은 1920년부터 시작되어 그가 임시정부와는 별도로 단일대당인 민족혁명당 창당에 참여하여 의정원 의원을 사면하는 1935년까지 이어졌다.

노병회에서 독립전쟁을 준비하다

임시정부가 수립 초기부터 무력을 통한 독립전쟁을 준비하였던 것은 앞에서 본 바와 같다. 임시정부는 군사교육을 위한 노력의 일환으로, 1920년을 전후하여 상해에 임시육군무관학교臨時陸軍武官學校를 설립하여 한인청년들의 군사교육을 실시하였다. 그 외에도 미국의 캘리포니아주에 비행사양성소를 설립해서 비행사를 양성하기도 하였다. 비행사양성소는 당시 임시정부 군무총장이었던 노백린이 미국으로 건너가 설립한 것으로, 이와 함께 비행대 편성에 대한 문제도 논의되었으나 실현되지는 못하였다.

임시정부의 군사정책들은 임시정부가 안고 있는 한계와 재정적 뒷받침이 이루어지 못함으로써, 계획 자체로 그치거나 별다른 실효를 거두지 못하였다. 당시 임시정부의 재정 확보는 주로 연통제와 교통국을 통한 독립자금의 송달 및 인구세人口稅, 독립공채獨立公債 발행과 미주지역 교포들의 성금에 의존하고 있었다. 그러나 재정 확보의 주요 루트인 연통제와 교통국의 조직이 일제에 발각되어 와해됨으로써 임시정부의 재정적 어려움은 가중되었다. 그리고 상해에 위치하고 있던 임시정부로서는 군대를 편성할 만한 인적 기반을 갖추지 못하였을 뿐만 아니라 만주 지역의 독립군단체들에 대해서도 효율적인 지휘가 쉽지 않았다.

한편 파리강화회의와 워싱턴 태평양회의 및 극동민족대회 등 몇 차례에 걸친 외교적 노력도 모두 강대국의 이해관계로 인하여 별다른 소득 없이 좌절감만 안겨주었다. 게다가 임시정부 중심의 독립운동 진영에 이념적 분화와 갈등이 초래되기까지 하였다. 약화된 임시정부의 위상을 재정립하고 흔들리는 독립운동 진영의 새로운 방향 설정이 시급해졌다. 그 결과 임시정부를 중심으로 한 독립운동 세력이 외교방략의 한계와 독립운동의 장기화에 대한 대비책을 마련하는 차원에서 노병회勞兵會가 결성되었다.

1922년 10월 1일 오후 7시 상해 프랑스조계 하비로 보강리 24호 조상섭의 집에서 김구·조상섭·김인전金仁全·이유필李裕弼·여운형·손정도孫貞道·양기하梁基瑕 등 7명이 독립전쟁에 필요한 군인의 양성과 전비의 조성을 목적으로 하는 노병회 조직을 협의했다.

이러한 준비과정을 거쳐 같은 해 10월 28일 정식으로 창립된 노병회는 "조국광복을 위해 향후 10개년 이내에 1만 명 이상의 노병을 양성하고 백만 원 이상의 전비를 조성함을 목적으로 한다."고 밝혔다. 구체적인 방안으로는 군사학교를 설립하고 사관을 양성할 일, 군사서적軍事書籍을 간행하여 군사 지식을 계발할 일, 외국의 군대, 군사학교 및 병공창 등을 소개하여 이에 관한 지식기능을 습득케 할 것 등을 제시하였다.

국민대표회의가 한창 진행되고 있던 1923년 4월 2일 노병회 제1차 정기총회가 개최되었다. 노병회 창립 때 참여하지 못했던 윤기섭은 제

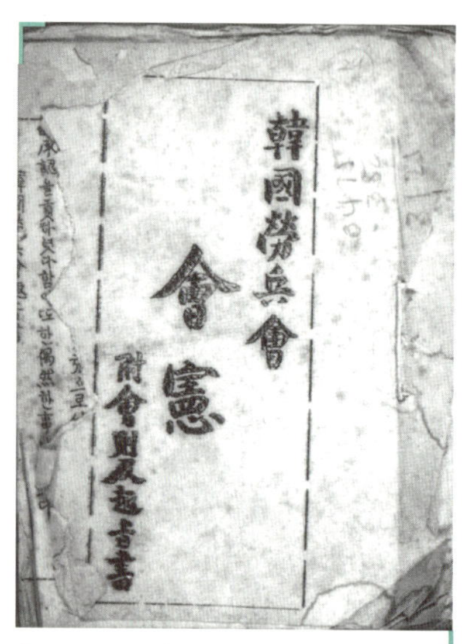

한국노병회 회헌(1922.10)

1차 정기총회부터는 활발하게 참여하기 시작하였다. 윤기섭의 노병회 참여에는 김구의 권유가 있었다고 한다.

이날 오전 9시 노병회 사무소에서 사업보고와 장래사업·예산보고·군사서적·군학잡지 등의 간행을 결정하고 임원을 새로 선정하였다. 윤기섭은 이사 겸 교육부장으로 선출되었다. 일찍이 신흥무관학교에서 군사교육에 종사했던 그의 경력이 인정되었던 것이다.

군사교육 관련업무를 담당하는 교육부 부장으로 선임된 윤기섭은 이날 총회에서 교육부의 새로운 사업으로서 군사교육에 필요한 다양한 군사서적을 간행하여 보급하는 사업을 제시하였다. 구체적으로는 『보병초학步兵初學』·『보병조전步兵操典』·『사격교범射擊敎範』·『야외요무령野外要務令』 등 군사에 대한 서적을 각각 1만 부씩 출판하기로 하였다. 그럼으로써 지금까지 통일되지 못한 각지 독립군의 군기軍紀와 군율軍律을 통일할 것을 만장일치로 결정하였다. 회의 종료 후 12시경 프랑스공원(현재의 復興公園)에서 단합대회를 열고 저녁에는 삼일당에서 강연회를 열었다. 연사는 윤기섭과 이유필이었다.

우선 윤기섭은 총회에서 간행하기로 결정된 군사교육서를 저술하는 일에 심혈을 기울였다. 우리나라의 경우 1898년 처음으로 『보병조전』
을 간행하여 사용한 적이 있으나 일본의 강제병합 이후 이렇다할 이 방
면의 교재가 없던 실정이었다. 윤기섭도 한국독립운동 전선에서 군사학
교를 설립하여 군사교육을 추진한 적이 많으나 한국 실정에 맞는 군사
서적이 없는 현실을 안타깝게 생각하고 있었다. 그런 상황에서 윤기섭
은 한글로 된 『보병조전』이라는 군사훈련교범을 편찬하였다. 이 교육서
는 그가 신흥무관학교 이래 여러 군사교육 방면에서 쌓은 지식과 경험
을 총결산하여 체계적으로 정리한 책이다.

상해에서 한인이 운영하던 삼일인쇄소三一印刷所에서 간행된 『보병조
전』은 주로 노병회의 군사교육에 활용되었다. 그리고 1930년대 김원봉
의 의열단에서 운영한 조선혁명군사정치간부학교, 김구가 중국군관학
교 낙양분교洛陽分校에 설치한 한인특별반에도 한인 학생들을 위한 군사
학과에서 이 『보병조전』이 교재로 사용되었을 것이다. 중국 정부의 지
원으로 낙양분교에서 한인 청년 군관을 양성한 바 있는 김구는 윤기섭
이 노병회에서 『보병조전』을 편찬할 때, 노병회의 이사장으로 재직하고
있었기 때문에 누구보다도 이 『보병조전』을 잘 알고 있었기 때문이다.

노병회가 10개년의 사업계획을 제시하고 출범했으나, 그 추진과정
에는 여러 가지 어려움이 놓여 있었다. 1925년 이후 쇠약해진 노병회는
주역들의 끈질긴 노력에도 불구하고 세력을 확장하지 못했다. 그리하여
결국 1932년 4월 13일의 제10회 정기총회에서 공식적인 해산이 결정
되었다. 하지만 노병회의 활동은 1930년대 전반부터 중국군관학교에서
한인 청년에 대한 군사훈련을 실시하여 상당수의 독립군을 양성하는 데

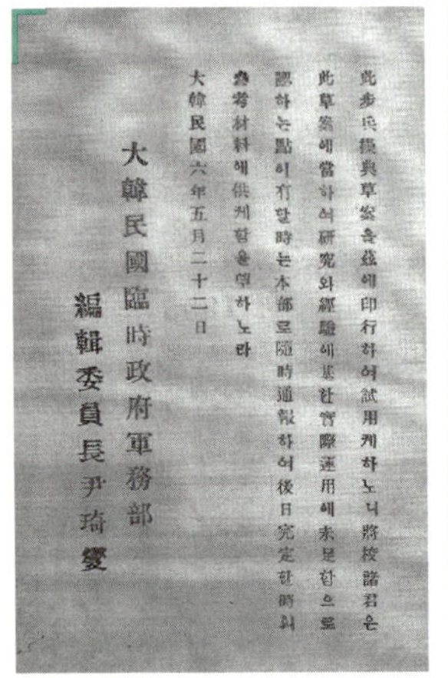

「보병조전」 초안 표지와 내용 일부

큰 힘이 되었다.

윤기섭 개인으로 보면, 신민회가 1910년부터 서간도에서 독립전쟁의 수행을 위해 신한민촌과 신흥무관학교를 건설하여 장차의 독립전쟁을 도모하고자 했던 역사적 경험을 관내지역에서 되살리고자 했던 의미가 없지 않았다.

인성학교에서 인재를 양성하다

윤기섭은 상해에 온 후 상해 인성학교仁成學校와 깊은 인연을 가졌다. 인성학교는 상해 지역 한인 자제를 위해 설립된 초등교육기관으로 처음에는 1916년 9월 1일 상해 홍구虹口지역에서 한인 기독교인들이 세운 상해한인기독소학교로 시작하였다. 이듬해 1917년 2월 인성학교로 이름을 바꾸고 북풍로北豊路 재복리載福里에서 개교하였다.

그러다가 1919년 상해에 임시정부가 수립되면서 산하의 대한교민단大韓僑民團에서 직접 인성학교를 관리·운영하게 되었다. 대한교민단은 상해 거류민의 교육·위생·소방·교통·병원兵員 모집·빈민 구제·민적 사무·교민 보호와 치안 확보·밀정 제거 등을 수행하던 임시정부 산하기관이었다. 상해지역 한인 자제들에 대한 민족교육을 실시하는 것도 교민단의 고유 업무 가운데 하나였다.

교민단이 인성학교를 인수하여 관리하게 됨에 따라 인성학교도 홍구지역에서 임시정부 및 교민단과 가까운 프랑스조계로 이전하였다. 3·1운동 이후 프랑스조계에 임시정부가 들어서면서 홍구지역의 인성학교에 대해서도 일제의 감시가 전에 없이 강화되었기 때문이다. 인성학교의 교육목표나 내용은 임시정부의 교육정책에 그 기반을 두었다. 민족교육을 통해 민족정신과 민족역량을 배양하고 자활능력을 양성하여 완전한 민주시민 육성과 신민주국가를 건설하는 데 그 목적이 있다. 결국은 장차 독립운동을 진행하는 데 필요한 인재를 양성하고자 하였던 것이다.

인성학교의 교과내용은 국내와 같은 보통학교 과정으로 정하였으며, 교과목은 민족혼을 양성할 수 있는 국어·국사·본국지리 등을 중점적으로 가르쳤다. 이후 교과목도 늘어나 한문·산술·이과·수공手工 그리고 3학년과 4학년은 영어를 추가하였다.

1919년 인성학교 학생수는 남학생 10명과 여학생 9명이며, 학년별로는 고등과 1명, 3학년 7명, 2학년 3명, 1학년 5명, 예비반 3명으로 총 19명이었다. 1921년 신학기에는 학생들이 늘어났는데 당시의 학급은 4개이고 유치급을 특설하여 학생수는 총 30명이었다. 인성학교의 학제는 초기에는 4년제로 운영되다가 1924년에 6년제로 변경되었으며, 이후 학교운영의 어려움으로 5년제로 운영되다가 1934년 다시 6년제로 변경되었다.

인성학교는 학생들에게 신학문과 민족주의를 가르치면서 동시에 일반 교민들이 민족적 단결을 요구할 때에는 함께 모이는 집회장소로 이용되기도 하였다. 매년 3·1절과 8월 29일 국치기념일에 인성학교에 모여서 기념식을 거행하였고, 이러한 기념행사를 개최함으로써 학생들의 민족의식과 항일의식을 드높이는 계기가 되었다. 이밖에도 인성학교에서는 연극회·학예회·연주회 등 다채로운 과외활동을 통해 학생 각자의 예술적 자질을 키워나갈 수 있도록 배려하였다.

인성학교의 교장을 비롯한 임원과 교사는 임시정부와 관계있는 독립운동가들로 구성되었다. 직원의 구분은 교장·교감·학감·교사·시간강사 등으로 이루어졌으며, 여운형·김태연·손정도·선우혁 등이 교장으로 역임하였다. 윤기섭은 학감으로 재직하였으며 직접 수업에 임하여 어린 학생들을 가르쳤다.

윤기섭이 인성학교에서 교편을 잡기 시작한 것은 1922년부터였다. 1922년 교장으로 취임한 이유필이 윤기섭을 인성학교의 학감으로 초빙하였던 것이다. 윤기섭은 인성학교를 관리·감독하는 교민단의 의사회 이사로 활동하였기 때문에 자연스럽게 인성학교에 관계할 수 있었다. 그러나 보다 중요한 것은 국내 민족명문 사립학교인 오산학교와 서간도 신흥무관학교에서 윤기섭이 그동안 쌓아온 경험과 능력이 인정되었던 것이다. 인성학교 학감에 취임한 윤기섭은 교장 이유필과 함께 인성학교의 교육방침과 유지방안에 대해 깊이 논의하였다. 그는 이때부터 1932년 윤봉길의거로 상해를 탈출할 때까지 10년 동안 줄곧 인성학교의 학감 혹은 교사로 제자들을 양성하였다.

윤기섭이 인성학교에서 담당한 과목은 주로 한국역사와 국어였다. 한국역사는 그가 오산학교와 신흥무관학교 시절 학생들에게 애국심을 고취시키기 위해 필수적으로 가르쳤던 과목이었다. 그리고 국어에도 많은 관심을 기울였는데, 그는 국어의 중요성을 강조하는 운동을 벌이기도 하였다. 1921년 7월 4일 백이로白爾路(지금의 太倉路) 439호의 교민단 사무소에서 국어장려연설회가 개최되었는데, 노백린과 윤기섭이 연사로 나섰다. 군대 지휘에 각국어가 사용되어 혼란을 야기하고 있음을 지적한 노백린의 연설에 이어 윤기섭은 "일본어 때문에 우리말이 절멸絶滅하고 있다. 독립운동을 하는 중의 여가에는 반드시 우리말을 익히지 않으면 안 된다."고 주장하였다. 이에 교민단은 다음 날인 7월 5일부터 8월말까지 국어학자 김두봉金科奉을 강사로 초빙하여 우리말 사용의 장려를 위한 연설회와 강연회를 개최하였고 이를 통하여 교민들의 독립정신을 고취한 바 있었다.

또한 1923년 11월 인성학교 학감으로 재직하고 있던 윤기섭은 임시정부 학무부와 합작하여 '국정교과서' 개발에 착수하였다. 학무부에서는 종전의 재외한인 아동 교육이 일정하지 않아 국민의 능력 발휘에 영향을 미치고 있다고 판단하고 대책 마련에 고심하였다. 그 결과 1923년 11월 5일부터 프랑스조계 포백로 명덕리 26호 임시정부 청사에서 임시정부 총리 노백린, 외교총장 겸 학무총장 조소앙, 내무총장 김구, 재무총장 이시영, 의정원에서는 의장 윤기섭을 비롯하여 의원 조상섭·김승학·여운형·조완구, 인성학교장 이유필, 교원 김종상·김두봉 등이 대책을 협의하고 교과서를 편찬하기로 결정하였다.

편찬된 교과서는 재외한인이 있는 각 학교에 배부하기로 하였다. 교과서 편찬 비용으로는 평안북도 의주 출신의 허許 모씨가 임시정부 및 교민단에 기부한 유산 1,500원을 사용하기로 하였다. 교과서 편집위원으로 윤기섭을 비롯하여 이유필·조상섭·백기준白基俊·김승학金承學·이규서李奎瑞가 선정되어 교과서 집필을 완료하였다. 12월까지 집필을 완료하여 독립신문사에서 편집 중이던 교과서는 1924년부터 인성학교를 비롯한 국외 각지의 한인학교에서 사용하기로 하였다.

인성학교 시절 교육자로서의 윤기섭은 학생들에게 강한 인상을 심어주었다. 인성학교 교사 김종상의 아들 김명수金明洙의 회고에 따르면 윤기섭이 매일 중국 소병燒餠 한 개로 끼니를 때우고 컴컴한 방 속에서 촛불로 공부하면서, 아이들에게 끊임없이 국사 이야기를 해주었다고 한다. 그리고 아이들에게는 언제나 자애로운 웃음으로 인자하게 대해준 인격자였다고 한다. 박은식의 자부 최윤신의 인성학교 시절 회고에 따르면, 아이들이 연필을 달라고 하면 그는 "연필님 여기 있습니다.", 칼을 달라고 하면 "칼님 여기 있습니다."라고 하며 아이들에게도 항상 높임말을 쓰고 온화하게 대하였다고 한다. 또 아이들의 눈높이에 맞춘 교

大正十二年十二月十日附在上海矢田總領事發信伊集院外務大臣宛

報告要旨

上海假政府ノ國定教科書制定ニ關スル件

上海ニ稱假政府學務部ニテハ從來在外韓人兒童ノ教育一定セサル

爲當民ノ能力發揮ニ及ボス影響少カラズト做シ之ガ善後策ニ腐心

シ去ル十一月五日ヨリ每夜法界蒲柏路明德里二六號假政府ニ於テ

假政府總理盧伯麟、外交總長兼學務總長趙素昻、內務總長金九、

財政總長李始榮、議政院議員趙尚燮、金承學、尹琦燮、呂運亨、

李俊瑞、白基俊、金明濬、趙琬九、仁成學校長李裕弼、同教員金

鍾高、金科榮等協議ヲ開キタル結果本年十二月米國布哇ヨリ歸滬

後死セル朝鮮平安北道義州出身許某ノ遺產千五百圓ヲ處

상해 임시정부의 국정교과서 제정에 관한 건

1920년대 인성학교 교사 및 학생들(윤기섭은 가장 뒷줄 오른쪽에서 세번째)

인성학교 교사와 학생들

육방법으로 결코 어떤 권위의식도 없었다. 때문에 인성학교를 졸업한 제자 가운데 윤기섭을 기억하는 사람은 "청렴결백하고 지조가 높으며 희생심이 강한" 인격의 소유자로 술회하였다.

한편 인성학교는 만성적인 재정난에 시달리고 있었다. 당초 재정적인 자산 없이 출범하여 수입보다는 경상비로 지출되는 비용이 많아 재정 확보에 어려움이 많았다. 아울러 1919년 임시정부 수립 이후에 상해로 이주한 독립운동가들의 자제들이 인성학교에 입학함에 따라 학교 규모를 넓히지 않을 수 없었는데, 교육시설의 확충에는 어려움이 많았다.

이에 교민단에서는 재정의 어려움을 해결하기 위해 의사회·학무위원회를 소집하여 상해에 거주하는 교민들로부터 기부금을 요청하는 일을 협의하였다. 대한교민단 의사회에도 의사회를 개최하여 교민이 부담하던 1년 교육비를 1원에서 2원으로 인상하여 교육비 수입을 늘려 나갔다. 그리고 학무위원회도 소집하여 김두봉을 위원장으로 선출함과 동시에 교육에 대한 관심을 고조시킬 것과 학교 건축비의 부족분을 모금할 것을 결의하였다.

1922년 임시정부와 교민단은 인성학교의 운영과 경비 마련을 위해 인성학교 유지회를 조직하였다. 9월 7일 프랑스조계 신민리^{新民里} 24호 임시정부 청사에서 제2회 유지회가 열렸는데, 이때의 간부진은 회장에 김인전, 10인 위원으로 여운형·안창호·윤기섭·조상섭·남형우·차리석·한송계·김구·박진우·김종상이다.

인성학교 유지회에는 임시정부와 교민단의 주요인사가 망라되어 있었다. 이날 회의에서는 "교육은 국민의 의무이므로 상해 재주 아동은 상해

철거 이전의 협성리 인성학교

거주민이 교육시킬 의무가 있다."라는 여운형의 발언에 모두 공감했다.

1924년 새로 선임된 교장 조상섭은 교사 신축을 실현시키기 위해 동년 예산으로 1만 원을 편성·책정하였다. 그는 국내외에 있는 유지와 교육에 관심이 있는 여러 사람에게 청연문請捐文을 보내 교사 신축에 부족한 금액을 기부해 줄 것을 요청하였다. 국내에서도 이 소식을 듣고 동아일보가 재외동포위원회를 구성하여 건축비를 모금한 결과 1,144원을 모금하여 인성학교에 전달하기도 하였다.

종전에 사용해 오던 날비덕로辣斐德路(지금의 復興中路) 우기리友記里 2호에 있는 학교는 너무 좁고 위생상 문제가 있어 1926년 마랑로馬浪路 (현재의 馬當路) 협성리協盛里 1호로 교사를 이전하였다. 협성리 교사는

1935년 인성학교가 일제에 의해 폐교될 때까지 사용되었다.

또한 인성학교에서는 자체적으로 학교 확장기금을 마련하기 위해 상해에서 신년음악회를 개최하여 입장료를 모아 학교운영비를 모금함과 동시에 교민들의 친목을 도모하기도 하였다. 이와 같이 인성학교의 재정난을 극복하기 위해 대한교민단과 교민 그리고 학교가 연대하여 적극 노력하였다.

그럼에도 불구하고 1932년경에 이르면 인성학교는 재정난으로 인해 거의 문을 닫을 지경에 처하였다. 게다가 1932년 윤봉길의거 이후 독립운동가들이 상해를 떠나가면서 인성학교에 대한 일제의 탄압도 가중되었다. 1935년 10월 상해 일본영사관에서는 인성학교에 대해 일본교과서를 사용한 일본식교육을 강요하였다. 결국 1935년 11월 11일에 선우혁 교장을 비롯하여 학교 교직원들이 일제의 요구를 거부하면서 모두 사직함으로써 인성학교도 폐교되고 말았다. 인성학교는 근 20년 동안 상해지역 독립운동가들의 자제들을 민족의식을 갖춘 인재로 육성하였다는 측면에서 민족운동사에서 중요한 위상을 차지하고 있다.

민족유일당운동과
독립운동정당의 설립

민족유일당운동에 참여하다

1920년대에 들어서서 임시정부가 본연의 임무와 역할을 수행하지 못하면서 임시정부를 매개로 한 민족적 대동단결은 와해되기 시작하였다. 이러한 난국을 수습하려는 노력이 국민대표회의에서 추진되었다. 1921년부터 논의되던 국민대표회의는 1923년 1월 국내외 각 단체를 대표하는 130여 명의 대표자들이 참가한 가운데 상해에서 개최되었다. 그러나 앞서 본 바와 같이 회의는 개조론·창조론·정부옹호론으로 대립됨으로써 상호 이견을 좁히지 못한 채 5개월 만에 결렬되고 말았다.

국민대표회의가 좌절된 뒤에도 독립운동 진영을 대동통일하려는 노력은 계속되었다. 1924년 초 안창호와 여운형 등은 '대동통일취지서'를 발표하여 독립운동 역량을 통일하고자 하였다. 1924년 7월 임시의정원에서는 독립운동의 방침을 쇄신하여 독립대업을 촉성하기 위해 독립당 대표회의 소집을 요구하기도 하였다.

민족운동 세력은 이념과 노선에 따라 독자적인 세력을 형성하고 있었지만 좌우 세력 모두 민족적 대단결을 이루어야 한다는 당위성과 필요성에는 공감하고 있었다. 마침 1924년 중국의 국민당과 공산당이 국공합작國共合作을 실현한 것도 크게 영향을 미쳤다.

그리하여 1920년 중반 이들 사이에 통일전선을 위한 움직임이 일어났고, 그 형태는 민족유일당운동으로 추진되었다. 유일당운동이란 좌우를 막론하고 독립운동전선의 모든 세력과 집단을 통일하여 민족적 대당체로서 유일한 정당체를 조직하고, 이를 중심으로 민족운동을 전개하자는 것이었다.

국민대표회의 결렬 이후 임시정부 중심의 우파세력은 자체적으로 임시정부를 수습해가는 한편, 민족운동의 새로운 활로를 모색하였다. 1925년 대통령 이승만을 탄핵하고, 국무령을 수반으로 하는 개헌을 단행한 것이 그러한 노력이었다. 국무령으로 취임한 홍진은 시정방침에서 민족대당체를 제시하였다.

그에 이어 민족대당의 결성을 선도하고 나선 인사는 안창호였다. 그는 1926년 7월 상해 프랑스조계 삼일당三一堂에서 민족의 대동단결을 촉구하는 연설회를 개최하고, '유력한 일대혁명당'의 조직을 주장하였다. 그리고 북경에서 좌파세력의 대표인 원세훈元世勳과 함께 좌우세력이 통일하여 대독립당大獨立黨을 결성한다는 방안에 합의를 이루었다. 그 방법은 우선 각지에 유일당촉성회唯一黨促成會를 조직하고 이를 통일하여 민족유일당을 결성한다는 것이었다. 이러한 합의하에 1926년 10월 임시정부 중심의 우파세력과 북경지역의 좌파세력을 중심으로 대독립당 북경촉성회를 결성하였다.

이를 계기로 중국 관내 각 지역에서는 유일당의 전단계인 촉성회가 조직되기 시작하였다. 상해에서도 유일당촉성회가 결성되었다. 1927년 4월 11일 상해 삼일당에서 임시정부 계열의 우파 인사들과 상해파 고려공산당 인사들이 참여한 상해촉성회가 조직되었다. 창립총회에서는 24명의 집행위원이 선출되었는데 윤기섭도 이 중 임시정부 계열 집행위원으로 포함되어 있었다.

> 임시 정부 계열(16명): 홍진, 이동녕, 이규홍, 조상섭, 조완구, 나창헌, 최석순, 최창식, 김철, 김갑, 오영선, 안공근, 김구, 윤기섭, 송병조, 김규식
> 사회 주의 계열(8명): 홍남표, 조봉암, 황훈, 강경선, 김두봉, 정백, 현정건, 이민달

이어서 같은 해 5월 이후 광동廣東·무한武漢·남경南京 등 5개 지역에서 좌우익 인사들이 유일당촉성회를 결성하였다. 그리고 각 지역의 대표자들은 1927년 11월 상해에서 한국독립당 관내촉성회연합회를 개최하였다. 이를 바탕으로 각 지역 촉성회를 통일하여 대독립당, 즉 민족유일당을 결성하고자 하였다.

그러나 이들의 바람과는 달리 촉성회연합회의 활동은 순조롭게 진행

되지 못했다. 이념 및 노선을 달리하는 세력들이 혼재해 있었고, 유일당 운동에 참여한 각 세력의 의도와 목적이 달랐기 때문이었다. 우파세력들은 유일당을 조직하여 이를 기초로 임시정부의 위상을 강화시키고자 하였고, 좌파세력들은 유일당의 주도권을 장악하여 이를 혁명정당으로 발전시킨다는 의도를 갖고 있었던 것이다.

또한 여기에는 외부적인 영향도 작용하였다. 1927년 중국의 제1차 국공합작이 무너졌고, 1928년 코민테른이 '12월 테제'를 통하여 좌파세력에게 민족부르주아와의 결별을 요구하였던 것이다. 좌파세력 내에서도 민족주의보다는 국제주의에 경도되어 가면서 결합에서 분리로 전술방침을 전환하였다. 때문에 1929년 10월 상해촉성회의 해체를 선언하였고, 동시에 좌파세력의 결집체로 유호한국독립운동자동맹이라는 별도의 단체를 결성하였다. 이후 우익세력도 임시정부의 옹호·유지를 목적으로 세력을 결집, 1930년 1월 한국독립당을 창당하게 되었다. 윤기섭은 이때 한국독립당의 창당에 참여하였다.

1930년 1월 25일 상해 프랑스조계 마당로 임시정부 청사 사무소에서 안창호·이동녕 등 우익진영의 민족주의자 28명이 민족주의 진영의 쇄신과 해외 독립운동진영의 전선통일을 도모하기 위해 한국독립당을 결성하였다. 한국독립당은 또한 임시정부를 지지·옹호하는 기초정당의 성격을 띠고 있었다.

한국독립당의 창립에 참여하였던 명단을 보면 윤기섭을 비롯한 상해에서 활동하고 있던 주요 민족주의 인사들이 모두 망라되어 있음을 알 수 있다.

1927년 엄항섭의 결혼식에 참석한 윤기섭(왼쪽에서 네번째)

이동녕, 안창호, 조완구, 이시영, 조소앙, 김구, 김철, 옥성빈, 안공근, 윤기섭, 김홍서, 한진교, 김갑, 김두봉, 박찬익, 선우혁, 조상섭, 이유필, 차리석, 김붕준, 백기준, 박창세, 최석순, 장덕로, 이탁, 강창제, 엄항섭, 송병조

이들 가운데 김구·이동녕·안창호·박찬익·이유필 등은 국내의 신민회에서 윤기섭과 함께 활동했던 인사들이었다. 당시 윤기섭은 임시정부 군무장 차장에 재임하고 있었다. 그 외에도 임시정부나 의정원에서 함께 활동하였던 인사들이 대부분이었다. 그러므로 한국독립당이 곧 임시정부였다고 해도 과언이 아닐 것이다.

이후 1930년대부터 중국 관내지역에서 본격화되는 독립운동정당 설립운동은 민족유일당의 좌절 속에서 얻은 소중한 역사적 성과물이었다. 그동안 이합집산을 거듭하던 독립운동 세력들이 자신의 이념과 정책·정강에 따라 독립운동정당으로 재정립됨으로써 서북파, 기호파와 같은 지방열이나 개조파·창조파·정부옹호파 등으로 분열되었던 요인을 극복하고 정책·정강·이념을 기준으로 재편되어 갔다.

상해를 탈출해 남경으로 가다

1931년 일본은 9·18사변을 일으켜 만주를 장악하였다. 이어서 1932년 1월 28일 열강의 시선을 다른 곳으로 돌려 이른바 '만주국' 수립을 용이하게 하기 위해 상해사변上海事變을 도발하였다. 3월 1일 괴뢰국 '만주국'을 수립한 일제는 만주에 그치지 않고 장성長城을 넘어 화북華北지방에 대한 침공을 계속하였다.

일본의 관내지역에 대한 압박은 중일 간의 군사적 충돌로 이어져 1933년에 이르기까지 계속되었다. 그러나 중국군은 일본군에 큰 타격을 가하지 못한 채 수세에 몰려 있는 입장이었으며 9·18사변으로 고조된 중국인들의 반일감정을 대일항전의 에너지로 결집하지도 못하고 있었다.

이러한 중국측의 유화적인 대일 자세는 임시정부를 비롯한 한국 독립운동단체들의 활동에도 큰 영향을 미치게 되었다. 일본을 의식한 중국 정부가 공식적으로는 한국 독립운동단체들의 적극적인 대일활동을 제한하였기 때문이었다.

한편 1931년 9·18사변이 발발하자, 임시정부는 긴급 국무회의를 소집하고 중국인의 반일감정을 고무하는 '중국 국민에게 고告함'이라는 담화문을 발표하였다. 임시정부는 담화문에서 한인들로 하여금 중국의 항일전선에 적극 협력하도록 촉구하였다. 그리고 이제까지 임시정부 자체의 대일활동이 부진했던 점을 타개하기 위한 방책으로서 '특무공작特務工作'을 추진하기로 결의하였다.

이는 임시정부가 중일 양국 간의 전쟁을 독립운동의 호기로 삼아 이를 최대한 유리하게 활용하기 위해 대내외적으로 대일항쟁의 활성화를 촉진시키고자 한 것이다. 당시로서는 임시정부가 대규모의 독립군을 동원하여 직접 항일전선에 나설 수 있는 처지가 못 되었으므로 인력과 경비가 적게 드는 의열투쟁義烈鬪爭을 전개하기로 결정한 것이다. 최소한의 자원으로 최대한의 성과를 얻기 위해 안출된 의열투쟁은 군사조직을 동원하는 것이 아니라 결사대 요원이 일제의 요인사살과 침략기관의 폭파 등 극한적인 무력항쟁을 벌이는 것이었다.

그 대표적인 사례가 바로 1932년 1월과 4월에 결행된 이봉창李奉昌 의사의 일황 저격 의거와 윤봉길尹奉吉 의사의 상해 홍구공원虹口公園 의거였다. 두 의거는 그동안 침체되었던 임시정부를 소생시키고, 독립운동에 활력을 불어넣는 일대 전기를 마련하였다. 특히 윤봉길의거는 한중 양국 국민들에게는 '일본 제국주의의 몰락을 선고하는 조포弔砲요, 살인·방화·흉악범을 징계 처벌하는 벼락'이라고 표현될 만큼 통쾌한 의거로 받아들여졌다.

윤봉길 의사의 폭탄투척 직전의 홍구공원 모습

　윤봉길의거가 한중 두 나라 국민들에게 미친 심리적인 영향은 참으로 큰 것이었다. 특히 일본군의 상해 침공을 막아내지 못했던 것은 물론 침략군 수뇌들의 털끝 하나도 손상을 입히지 못했던 중국인들로서는 한국인 윤봉길 한 사람이 이들 침략군의 수뇌를 한꺼번에 단죄斷罪해 주었다는 데서 큰 감명을 받지 않을 수 없었다. 1931년 만주에서 한중 양국 농민이 충돌한 만보산사건萬寶山事件으로 반한감정이 고조되었었는데 윤봉길의거 이후 크게 개선되었다. 더욱이 윤봉길의거를 주도했던 김구와 임시정부는 중국측으로부터 전폭적인 신뢰와 지지를 받게 되었다.

　하지만 그에 대한 대가도 컸다. 임시정부는 일제의 무자비한 보복을 받았다. 프랑스조계에는 광분한 상해 일본총영사관 경찰이 들이닥쳐 한

인사회가 공포 분위기에 휩싸였다. 이 과정에서 임시정부의 지도자 안창호와 여러 청년들이 체포되었다. 다른 주요 지도자들의 거처에도 일본영사관 경관들이 급습하였으나 대개의 경우 미리 소식을 알고 피했기 때문에 화를 면하였다.

윤기섭의 집에도 일경이 급습하였다. 당시 그는 프랑스조계 거발래사로㟶潑來斯路 1413호에 조완구와 함께 살고 있었다. 윤기섭은 미리 소식을 듣고 피신하였기 때문에 일제의 검거에서 벗어날 수 있었다. 그러나 그가 자택에 소장하고 있던 많은 독립운동 문서와 책자들은 일본총영사관 경찰이 압수하여 갔다. 일제가 보경리의 임시정부 청사에서 탈취해 간 문서를 제외하고는 윤기섭이 소장하고 있던 문서의 분량이 가장 많았다. 여기에는 임시정부가 반포한 각종 법령·선언문·독립신문·잡지·인장 등이 망라되어 있었다.

임시정부는 윤봉길의거로 말미암아 1919년부터 13년간 독립운동의 중심지였던 상해의 프랑스조계를 떠나지 않을 수 없게 되었다. 임시의정원 의원 및 임시정부 인사들은 남경·진강·항주·가흥 등지로 뿔뿔이 흩어지고 말았다. 임시정부는 이로부터 1940년 중경重慶에 안착할 때까지 8년 동안 긴 이동시대를 맞게 되었다.

윤봉길의거 이후 김구 등 한국독립당 세력이 주로 절강성 항주나 가흥 방면으로 탈출한 반면 윤기섭은 자신의 세력 기반인 한국혁명당이 있던 중국 국민당정부의 수도인 강소성江蘇省 남경으로 피신하였다. 남경은 금릉金陵·녕寧으로도 불리는 중국 7대 고도시의 하나이다. 1851년 태평천국太平天國의 난이 일어난 이후 11년간 태평천국군의 수도로 사용되었으며, 1911년 신해혁명辛亥革命 이후에는 중화민국의 임시수도로, 1927년 이후에는 수도였다.

남경은 중국 근현대사에서 파란만장한 역사의 현장이었다. 중국이 서구열강의 반식민지로 전락하는 시발점이 된 남경조약(1842)의 체결장소로, 중일전쟁 이후에는 일본군에 점령되어 왕조명汪兆銘의 괴뢰정부가 수립되었으며, 1937년 12월부터 이듬해 1월까지 30여만 명의 중국인이 일본군에 의해 학살당한 '남경대학살'이 자행된 곳이기도 하다.

윤기섭으로서는 남경이 서간도, 상해에 버금가는 항일운동의 거점이었다. 그는 남경에서 한국혁명당·신한독립당·민족혁명당 등 독립운동 정당을 조직하는 데 깊이 관여하였다. 1932년부터 중일전쟁이 발발하던 1937년까지 약 6년 동안 윤기섭은 주로 남경에서 활동하였다. 그는 주로 남경 성내 남쪽 홍무로洪武路지역에 은거하였다. 한때 그의 집에는 서간도 신흥무관학교 시절부터 함께 활동하던 김창환과 뒤에 신한독립당 위원장에 취임하는 홍진도 함께 거주하였다. 이들은 만주사변 이후 일본군의 독립군 '토벌'을 피해 만주에서 북경을 거쳐 남경으로 와서 활동하고 있었다. 후에 항주에 있던 한국독립당의 이시영·조완구 등도 윤기섭의 집과 가까운 남경 성내 남기가藍旗街로 옮겨오게 되었다. 민족혁명당이 창당되면서 윤기섭은 민족혁명당 계열이 많이 거주하던 남경 성내 남서쪽의 화로강花露崗 호가화원胡家花園으로 옮기게 되었다. 민족혁명당의 거점이었던 화로강에 대해 1930년 중반부터 민족혁명당에서 활동했던 김학철金學鐵은 다음과 같이 회고하였다.

남경성의 웅장한 성벽 밑을 감돌아 흐르는 진회하는 남대문인 중화문의 바로 턱 밑을 스치고 또 이름도 그윽한 막수호를 끼고 돌다가 마침내는 양자강으로 들어가버린다. 그 진회하를 북으로 건너서 부옇게 먼지 앉은 중화문 안에를 들어선 뒤 왼손편 – 서북쪽으로 한 10분 더 걷노라면 성벽 가까이에 그리 높지 않은 언덕 하나가 두드러졌는데 그 이름을 화로강이라 하였다. 그 화로강 위에 규모가 볼 만한 절 하나가 자리잡고 있었으니 화강석으로 다듬어서 만든 산문 문미에 새겨 있기를 …… 이연선림怡然禪林 …… 이연선림의 경내에 들어서서 중들과 선남선녀들이 부처 앞에 분향하는 그리 향기롭지 못한 매캐한 향내를 맡으며 동향한 중대문을 들어서면 눈앞에 규모가 어지간한 누관 하나가 나서는데 그 누관의 아래 위 층은 모두 어뜩 비뜩한 속인들이 거처하는 별세상이었다.

여기서 말하는 '속인들이 거처하는 별세상'이 바로 민족혁명당의 거점이었다. 원래 이곳은 남경의 큰 부호였던 호대해胡大海의 장원이었다. 장원 안에는 집은 물론, 농장과 절까지 있을 정도로 큰 마을을 이루고 있던 곳이었다. 이곳에 윤기섭을 비롯한 양기탁·김규식·김원봉 등 민족혁명당 지도자들이 거처하였다.

남경에 있을 때 윤기섭은 사랑하는 딸을 잃는 아픔을 겪기도 하였다. 그는 국내에서 아버지를 찾아 남경까지 온 첫째 딸을 유난히 귀여워하였다고 한다. 하지만 윤기섭은 자기 딸을 가족과 함께 살고 있는 신익희 집에 맡기고 자신은 신한독립당 본부에서 김창환·홍진 등과 함께 기거하고 있었다. 그런데 첫째 딸이 남경 교외 장강에 갔다가 실족하여 익사하였던 것이다. 며칠 후 시체를 찾을 때까지 윤기섭은 온종일 딸을 찾아 헤매고 다녔다고 한다.

한국혁명당을 결성하다

윤기섭은 한국독립당이 조직될 때 적극적으로 참여하였다. 한국독립당의 창당 과정에서 조완구와 함께 적극적으로 당원 모집운동을 벌이던 그가 어떤 이유에서인지 몰라도 얼마 지나지 않아 한국독립당을 이탈하였다. 물론 한국독립당에서 제명되었다는 자료도 있는 것으로 보아, 한국독립당 내에서 당내 원로들과 갈등이 있었던 것이 아닌가 추측된다. 직언을 잘하는 윤기섭이 한국독립당 내에서 자기 목소리를 내는 데는 어려움이 많았을 것이다.

한국독립당을 나온 윤기섭은 상해와 남경에서 임시정부 및 한국독립당과 거리를 두고 있던 인사들을 규합하여 독자적인 세력을 구축하고자 하였다. 1932년 2월경 마침내 윤기섭은 신익희·성주식 등과 의기투합하여 남경에 있는 한인들을 중심으로 한국혁명당을 결성하였다. 여기에는 최용덕·김홍일·연병호延秉昊·김사집金思潗·정태희鄭泰熙 등 인사들이 참여하였다. 이들은 모두 임시정부의 노선과는 거리를 두고 있거나 완고한 한국독립당 인사들과 갈등관계에 있던 인사들로서 대개 지연 및 학연으로 이어져 있었다.

신익희는 경기도 출신으로 일찍이 1923년 국민대표회의가 개최될 무렵부터 임시정부와는 거리를 두고 독자적으로 활동하기 시작하였다. 상해를 떠난 신익희는 우선 서안西安으로 가서 그곳의 실력자 호경익胡景翼을 찾아가 그의 도움으로 독립군을 양성하고자 하였다. 그러나 중국의 복잡한 정정 때문에 여의치 않자 신익희는 다시 남경으로 가서 국민당 정부의 심계원장審計院長 우우임于右任의 도움을 받아 심계원에 근무하고 있었다.

성주식은 서울 출신으로 윤기섭과는 보성학교 동기였다. 그는 중국에 망명하여 신흥무관학교 학생단장과 교사를 역임한 바 있었다. 특히 성주식은 신흥무관학교 시절부터 해방 이후까지 함께 활동한 평생 동지였다. 김홍일이나 최용덕·성주식·나월환羅月煥 등은 중국정부기관 및 중국군에서 근무하고 있었다.

이념적으로는 민족주의 계열의 인사들이 대부분이지만, 나월환과 같이 흑우연맹黑友聯盟이나 남화한인청년연맹南華韓人靑年聯盟에서 활동한 무정부주의 계열의 인사와 중국본부한인청년연맹中國本部韓人靑年聯盟을 결성하여 활동한 정태희와 같은 온건좌파 인사도 포함되어 있었다. 상해 한국독립당에서 한국혁명당을 '백적흑白赤黑의 혼혈아混血兒'라고 혹평한 것도 이러한 이유에서였다.

새로 조직된 한국혁명당의 이사장(중앙위원장)에는 윤기섭이 취임하였다. 그리고 이때의 주요당원은 총무 및 비서장에 정태희, 외교부장에 신익희, 재정부장은 김홍일이 맡았다.

당시 한국혁명당의 당원은 약 40명으로 절반은 상해에서 활동하고 있었다. 한국혁명당은 기관지 『혁명공론革命公論』을 발간하고 격주로 당 본부에서 반회班會를 열어 국제정세와 기타 시사문제를 보고하고 독립운

남경 화로강 호가화원 안의 화원

동 추진 방침을 협의하는 등의 활동을 전개하였다.

특히 주목할 만한 것은 한국혁명당이 윤봉길의거 이후 중국측의 원조로 중한연합의용군中韓聯合義勇軍 조직을 계획하였다는 사실이다. 윤기섭은 일찍부터 한중 양국이 대일연합전선을 구축하는 문제에 대해 관심을 기울이고 있었다. 1921년 5월 중한국민호조사총사에 참여하였던 것은 그 일환이었다. 중한호조사는 그후 한국독립운동에 유무형으로 큰 도움을 주었다. 한국 학생들이 운남강무당雲南講武堂이나 귀주강무당貴州講武堂 등을 비롯하여 황포군관학교黃踝軍官學校에도 입학하게 되었는데, 이는 중국 인사들 사이에 친한적인 분위기가 형성되고 있었기 때문에 가능한 것이었다. 그리고 임시정부가 그후 장사·무한을 거쳐 중경으로 피

당시 외교부장 신익희와
재정부장 김홍일

난갈 때 임시정부를 끝까지 도와준 사람들도 신아동제회나 중한호조사에 참여했던 국민당 계열 인사들이었다.

1932년 11월경 한국혁명당 위원장 윤기섭은 상해에서 만주의 동북의용군 지원 활동을 펼치고 있던 중국인 주경란朱慶欄과 교섭하여 중한연합의용군의 조직 계획에 대해 대체적으로 합의하였다. 주경란은 1920년대 초 동북지방에서 활동할 때부터 한국의 항일세력을 도와주었으며, 특히 윤봉길의거 이후 김구를 비롯한 독립운동 진영에 거금을 기부했던 친한인사였다. 그는 절강성 소흥紹興 출신으로 신해혁명 이후 흑룡강독서참모장黑龍江督署參謀長) 순안사巡按使 등을 지냈고 1931년 9·18사변 이후에는 상해에서 동북의용군을 위한

모금운동을 전개하였으며 국난회의國難會議 회원 등을 역임하였던 인물이다. 윤봉길의거 직후 일본측이 윤기섭의 집을 급습하여 강탈해간 자료 가운데 주경란의 명함이 들어 있었던 것으로 보아 윤봉길의거 이전부터 두 사람은 밀접하게 교섭하여 왔던 것으로 보인다.

중한연합의용군 조직을 위한 자금은 중국측으로부터의 원조 요청에 주력하고 있었다. 남경에서 국민당 중앙당부에 재직하면서 중국측과

밀접한 관계를 유지하고 있던 신익희가 이 일을 담당하였다. 그리하여 1932년 중국측으로부터 군자금과 폭탄 등 무기를 제공받게 되었다.

중한연합의용군 계획은 김구 계열과도 연계되었다. 한국혁명당은 당세를 확장하는 과정에서 '항주사건'으로 임시정부와 한국독립당과 소원한 관계를 유지하고 있던 김구 세력과 제휴하고자 노력하였다.

윤봉길의거 이후 중국 조야의 각계 인사들이 임시정부, 대한교민단, 안창호 및 윤봉길 가족에게 보내온 의연금을 김구·이유필·김철·조소앙이 보고도 하지 않은 채 움켜 쥐고 있거나 횡령했다는 풍문이 떠돌아 상호 불신감이 팽배한 가운데 분쟁이 일어나게 되었다. 이에 김구는 임시정부 군무장 직위의 사퇴 의사를 표명하고 이동녕과 함께 가흥으로 떠나버렸다. 그런데 그 직후인 5월 21일자의 중국신문 『시사신보時事新報』에 익명으로 안창호와 흥사단을 비방하는 내용의 기사가 실렸는데, 김구가 그 배후라는 설이 분분해졌다. 격분한 김구는 투고자로 추정된 김석金晳과 그의 숙부인 김철金澈에게 진의를 따지기 위해 김동우金東宇를 항주로 보냈는데, 거기서 김동우는 이유필계의 박창세와 함께 김철을 구타하고 그가 보관하고 있던 의연금을 몰수해버리는 불상사가 발생하였다. 이를 일컬어 '항주사건' 또는 '임시정부 판공처 피습사건'이라 한다.

이 사건은 급기야 국무위원 총사퇴로 비화하였고, 임시정부와 한국독립당은 상해파(이유필 중심), 항주파(김철·조소앙 중심), 가흥파(김구 중심)로 삼분된 가운데 김구는 조소앙·김철과 불편한 관계에 놓이게 되었다. 또한 이 사건의 여파로 1933년 1월의 한국독립당 정기대회에서 김구의 측근들이 이사직에서 해임되어 김구의 당내 입지는 크게 위축되었으며 임시정부와도 관계가 소원해졌다.

한국혁명당이 이러한 고립무원의 형편에 처해 있던 김구에게 제휴의 의사를 표시하였던 것이다. 그 결과 한때 한국혁명당측과 김구측이 중국과 연합하여 중한호조연합회中韓互助聯合會라는 단체를 조직, 김구가 총지휘가 되어 만주지역에 대한 교란작전을 계획하기도 하였다. 물론 한국독립당에서는 김구가 한국독립당과 대립관계에 있는 한국혁명당을 편들고 오히려 한국혁명당 세력을 이용하여 세력 확대를 꾀하고 있다고 의구심 어린 시선으로 보기도 하였다. 그 후 여러 가지 사정으로 인해 중한연합의용군이 실제로 조직되지는 못하였다.

한편 한국혁명당은 만주사변 이후 일본군의 토벌을 피해 만주에서 관내지역으로 남하한 재만 한국독립당과 합당하여 신한독립당을 결성하였다. 남경에서 근거지를 구축하고 있던 윤기섭의 한국혁명당이 먼저 양당의 통일을 제안하였다. 재만 한국독립당의 홍진 등이 윤기섭의 집에 함께 거주하면서 자연스럽게 합당이 논의되었던 것이다. 한국혁명당으로서는 관내로 이동해온 재만 한국독립당과 합당할 경우 괄목할 만한 세 확대를 기할 수 있는 것이었다. 만주에서 관내지역에 막 진출하여 현지 사정에 어두운 재만 한국독립당으로서도 자파세력의 확장을 위해서는 한국혁명당과 통일이 무엇보다도 바람직한 것이었다. 관내지역으로 이동해온 한국독립당 인사들이 정착한 남경은 마침 한국혁명당의 본거지여서 상호 접촉이 용이했으며, 중국 국민당으로부터 지원 획득에도 국민당정부에 근무하고 있던 한국혁명당 당원들의 도움을 기대할 수 있었다.

이렇게 양당의 통일이 순조롭게 진행된 데는 역시 양자를 이어주는 만주 경험이라는 요인이 중요한 역할을 하였다. 양당의 윤기섭·성주식·홍진·이청천 등은 일찍이 신흥무관학교 교관을 역임하거나 만주지역에서의 초기 항일무장투쟁에 참여했던 경험이 있었다. 그러므로 신한독립당은 관내지역에서 활동하던 만주인사들이 결집된 당이었다고 할 수 있다.

1934년 3월 1일 남경에서 윤기섭·성주식 등 한국혁명당 대표와 홍진·이청천·김원식·김상덕·이규채 등 한국독립당 대표가 회합하였다. 이 자리에서 신한독립당의 당의·당강·당략 등을 결정하였다. 이 가운데 당강을 소개하면 다음과 같다.

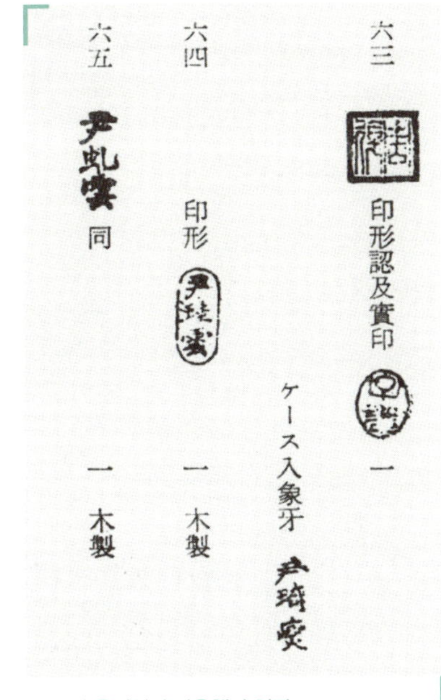

1932년 윤기섭이 사용했던 인장

二. 당강(黨綱)

① 중앙집권제의 민주공화국을 건설함

② 단체대표의 일원제를 설립함

③ 토지와 대생산기구를 국유로 하고 국가 경영의 대작업을 실시함

④ 국민의 생산, 소비 등 일체의 경제적 활동을 통제하고 재산의 사유를

한정하여 생활의 평형을 확보함

⑤ 민족적 고유문화를 발양하고 국민의 기본교육과 인재양성은 국가 부담으로 함

⑥ 국민의 노동·학습·혼인·언론·집회·파업 등에 관한 자유권을 보장하고 병역·조세·학습·직업 등에 관한 절대의무를 엄격히 이행함

⑦ 국방자위에 충용할 수 있는 징병제와 국민무장제를 병용함

⑧ 자유·평등·호조의 원칙에 입각하여 전세계 피압박민족해방운동에 노력함

위 당강에서 '토지와 대생산 기구의 국유'라는 점이 우선적으로 주목된다. 이는 당시 독립운동정당의 정강에서 보편적으로 채택되고 있던 사회경제정책이었다. 실제로 이후 관내지역의 민족혁명당·한국국민당·한국독립당의 경제 정책, 화북 조선독립동맹의 강령, 임시정부의 건국강령 등에 모두 '토지와 대기업의 국유'라는 정책이 채택되고 있었다. 항일전쟁과 당강을 연관시켜볼 때, '국민 개병제'를 채택하고 피압박 민족해방운동의 단결을 주장하고 있는 것도 눈에 띈다. 또 독립운동의 실천방안이라고 할 수 있는 당략에서, 무장항일과 대중운동의 결합, 혁명역량의 대동단결, 전 세계 각국과의 연합전선 결성 등을 주장하였다. 이와 같은 신한독립당의 당강과 당략은 이후 신한독립당이 민족혁명당 창당 과정에 주도적으로 참여하면서 민족혁명당의 당강에도 거의 그대로 반영되었다.

한편 3월 1일의 회의에서는 위원장에 홍진, 상무위원으로는 김상덕·

신익희·윤기섭 등이 선임되었다. 신한독립당의 본부는 윤기섭의 집에 설치되었다. 창립 당시 윤기섭은 신한독립당의 총무위원장으로 당의 재정 및 서무를 관장하였다. 부원으로는 장흥張興 등이 있었는데, 그는 황포군관학교 제5기를 졸업한 후 중국군 장교로 근무하고 있었다. 윤기섭은 장흥과 함께 남경의 국민당정부와 교섭하여 신한독립당의 청년 군사 훈련에 필요한 자금을 확보하는 데 노력하였다. 또한 이청천이 책임지고 있던 군사부의 재정과 회계를 감독하였다.

이 무렵 신한독립당은 김구 계열과 제휴하여 중국육군군관학교 낙양분교에 한인특별반을 설립하고 청년군관을 양성하고 있었다. 일제의 항의로 낙양분교 한인특별반이 폐지된 이후에도 신한독립당은 이청천의 지휘하에 지속적인 군사훈련을 진행하였다. 그리하여 1935년 4월 남경의 신한독립당 내에 '청년군사 간부특훈반'이 설치되어 청년들의 훈련을 지도하였다.

신한독립당은 이러한 무장활동과 더불어 한국 독립운동 진영의 통일을 위하여 노력하였다. 그것은 나중에 관내지역 독립운동 진영의 연합전선 구축을 위하여 결성된 '한국대일전선통일동맹'에 신한독립당이 참여하는 것으로 나타났다.

국무위원 및 의정원 의원으로 활동하다

한국독립당을 이탈하여 한국혁명당 결성을 주도했던 윤기섭이 임시정부까지 멀리했던 것은 아니었다. 그는 임시정부와 한국독립당을 별개로 생각하고 있었다. 당시 임시정부는 1932년 4월 윤봉길 의사의 상해 홍구공원 의거 이후 일제의 탄압을 피해 항주에 피난하고 있었다. 윤기섭은 한국혁명당 위원장으로서의 활동을 계속하는 한편 임시정부 국무위원(군무장) 및 의정원 의원으로서의 활동도 계속하였다. 윤기섭은 윤봉길 의거 이후 임시정부와 임시의정원이 마비되어 무정부 상태에 처해 있을 때 임시정부의 정상화를 위해 의정원회의를 개최할 정도로 적극적인 모습을 보이기도 하였다.

윤봉길의거 이후의 첫 임시의정원회의는 1932년 11월 28일 항주에서 열렸다. 하지만 정기회의에서 만기가 되지 않았는데도 만기된 것으로 오인하고 국무위원을 새로 선거하는 우를 범했다. 이에 대해 국무회의 주석인 조완구가 임시약헌에 위배되는 조치로서 무효라고 공식적으로 문제제기를 함으로써 임시정부는 사실상 무정부 상태가 되어 있었다. 때문에 다음 해인 1933년 2월 하순 항주에서 이동녕·김구·조완구·조소앙 등이 회합하고 임시정부 정상화에 대한 의견을 교환했다. 그리하여 임시정부의 기능 중단에 대한 위기의식과 단합의 필요성에 대한 공감대가 형성되는 가운데 윤기섭 등 의원 7명의 요청에 따라 3월 6일 제25회 임시의정원 임시회의가 열렸다.

남경에서 활동하고 있던 윤기섭은 임시정부 의정원 의원 및 국무위원 자격으로 직접 항주에 가서 의정원회의에 참석하였다. 차리석·윤기섭·김붕준 등 9명의 의원이 출석한 이날 회의는 저녁 6시에 개원하여 다음 날 새벽 2시에 폐회된 마라톤 회의였다. 의장 이동녕이 출석하지 않아서 부의장인 차리석이 사회를 보았다.

회의는 먼저 1932년 11월 28일의 정기회의가 ① 국무위원들의 임기가 만료되지 않은 것을 만기로 오인하여 국무위원들의 사면을 사면으로 처리하지 않고 개선의 절차를 행한 것, ② 국무위원 선거가 법정수 미달이었던 것, ③ 의장사면청원을 처리한 것이 법정수에 미달이었던 것, ④ 상임위원을 사면한 것은 과거 의회결의안에 위반되는 것이었으므로 네 가지 처리가 모두 무효임을 선포했다.

임시회의의 가장 중요한 안건은 국무위원 보선이었다. 그에 앞서 그동안 문제되었던 국무위원들의 사표를 처리했다. 또한 보류하고 있던 의정원 의장 이동녕의 의장직 사면청원안을 준허하기로 가결하고 새 의장 선출은 의원이 보결되기까지 보류하기로 했다. 그리고 조완구·조소앙·김철 세 국무위원의 사표는 수리하고, 이동녕과 김구의 사표는 반려하기로 했다. 이어 국무위원의 수를 이동녕·김구·조성환·윤기섭·신익희·최동오·이유필·송병조·차리석·이승만·김규식 등 11명으로 늘려 선출하였다.

11명에 이르는 국무위원은 그동안 임시정부에 참여했던 다양한 정치 세력 가운데 이러저러한 사정으로 임시정부를 떠난 모든 인사를 망라했다는 점에서 주목된다. 특히 주목되는 것은 1925년 3월에 임시의정원의 탄핵결의로 임시대통령직에서 면직된 이승만을 다시 국무위원으로 선출한 것이었다. 이승만은 이때 제네바에 가서 국제연맹을 상대로 외교활동을 벌이고 있었는데, 조소앙의 주선으로 이승만에게 신임장을 보냈던 임시정부로서는 그의 활동이 임시정부의 권위를 회복하는 데 도움이 되리라고 판단했던 것 같다. 그와 아울러 미주와 하와이의 이승만 지지자들이 임시정부의 재정을 지원해 줄 것이라는 기대도 작용했을 것이다.

기존의 국무위원 가운데 김구와 이동녕만 유임시킨 것도 흥미롭다. 초창기부터 임시정부의 간판을 지켜 왔고, 특히 이봉창과 윤봉길의 의거로 국내외 동포들 사이에 높은 지지와 신뢰를 받고 있는 김구와 그의 후견인 이동녕의 선임이 임시정부의 권위를 높이는 데 도움이 될 것으로 판단하였기 때문이었다.

1933년 3월 22일 국무회의에서는 정부 각원을 선임하였다. 이때 윤기섭은 군무장에 선임되었고, 내무장에 차리석, 외무장에 신익희, 재무장에는 송병조가 선정되었다. 그 나머지 국무위원들은 무임소로 하여 각부 담임을 선정하였다. 이어 6월 21일 국무회의에서는 국무회의 주석에 송병조, 외무장에 김규식, 법무장에 최동오를 선임하였다.

1933년 10월 3일 개원만 하고 각종 사정으로 인하여 회의를 계속 진행하지 못하다가 해를 넘긴 1934년 1월 2일부터 3일 오전까지 임시의정원 제26회 정기의회가 열렸다. 정부에서는 대대적인 의원보선을 실시하여 16명을 선거해 보냈으나 이날의 회의에서는 회의에 참석한 9명에 대해서만 자격 심사를 하여 모두 적격자로 판정하였다. 이들 9명을 포함한 15명의 의원 참석으로 회의가 성립된 것이었다.

먼저 송병조를 의장으로 선출한 다음, 정무보고·예산보고·국무위원 사표 수리 등의 안건을 처리하고, 앞으로 3년 동안 임시정부를 맡아서 일할 국무위원 선거에 들어갔다. 우선 국무위원 수를 11명에서 9명으로 줄이기로 하고 후보자 12명을 전형하여 무기명연기식으로 투표한 결과 윤기섭도 9인 국무위원 가운데 한 사람으로 선출되었다. 새로 뽑힌 이들

大韓民國臨時政府公報

第五十七號　　臨時政府秘書局　　大韓民國十六年四月十五日

▲臨時議政院常任委員會紀事

臨時議政院常任委員會에서左開事項을同意하다

一、臨時約憲第十六條第二項에依하야國務委員曹煜의辭職案을受理하다

二、臨時約憲第三十條第二項에依하야外務部行署規程과財務部行署規程에同意하다

大韓民國十六年三月　　日

▲國務會議紀事

大韓民國十六年度第○回國務會議는同年四月二日에開會되야國務委員宋秉祚, 尹琦燮, 趙素昻, 梁起鐸, 崔東旿, 金澈, 成周寔(有故未參) 等의出席으로左開事項이決議되다

一、臨時約憲第三十八條에依하야國務會議規定을通過하다

一、臨時約憲第三十條第二項에依하야外務部行署規程과財務部行署規程을通過하다

一、外務委員會을差하되外部長의推荐으로三人을選定하고外部長은常然委員이되야外交에關한重要事項을協議決定하기로하다

一、外務行署를美洲에設置하기로하다

一、財務行署를美洲에設置하기로하되第一第二行署는布哇에第三行署는桑港에第四行署는羅城에第五行署는紐育에두기로하다

大韓民國十六年四月　　日

▲職員選任의件

一、趙素昻, 崔東旿, 申翼熙로外務委員을選任하다

▲規定公佈의件

臨時約憲第三十二條에依하야國務會議規程과外務部行署規程과財務部行署規程을茲에公佈함

大韓民國十六年四月　　日

一、金澈로國務會議秘書長을選任하다

一、李承晚으로駐美外務行署外務委員으로選任하다

一、李正健으로財務部駐美第一行署財務委員을選任하다

一、李元淳으로財務部駐美第二行署財務委員을選任하다

一、白一圭로財務部駐美第三行署財務委員을選任하다

一、宋憲澍로財務部駐美第四行署財務委員을選任하다

一、張德秀로財務部駐美第五行署財務委員을選任하다

國務委員　金奎植
金澈
梁起鐸
宋秉祚
尹琦燮
趙素昻
崔東旿
成周寔
（가나다順）

▲國務會議規程

第一條 國務會議는每月一次第一○曜日에定期會議를開하고臨時會議는國務委員二人의提議로隨時開會함을得함 開會節次는左와如함

一、主席의開會

一、主席人員의點檢

윤기섭의 국무위원 선임을 알리는 임시정부 공보 제57호(1934. 4. 15)

국무위원의 임기는 1936년 가을 의정원 제29회 정기의회 때까지 3년이 었다.

　국무위원 선거에서 가장 눈에 띄는 점은 그동안 본인들의 고사에도 불구하고 계속 국무위원으로 선출되었던 김구와 이동녕이 후보자 명단에서 완전히 배제된 것이었다. 이승만의 이름도 빠졌다. 반면에 항주판공처 습격사건 이후 국무위원직에서 제외되었던 조소앙과 김철이 다시 국무위원에 선출되고, 원로 독립운동가 양기탁이 처음으로 국무위원에 선출되었다.

　이어서 1934년 1월 20일에 열린 국무회의에서 윤기섭은 전년도에 이어 계속해서 군무장의 직무를 맡았다. 그러나 윤기섭과 임시정부와 관계는 더 이상 오래가지 못하였다. 1934년 4월 15일 열린 정부 및 의정원회의에서는 윤기섭·성주식 두 국무위원이 8월 소속당인 신한독립당의 소환으로 사표를 제출하였던 것이다. 사표는 9월 13일 의정원 상임위원회에서 수리되었다. 군무장 윤기섭의 직무는 양기탁이 대행하게 되었다. 윤기섭의 의원 신분도 11월 2일에 열린 의정원회의에서 "개회 후 이유 없이 2주일까지 결석할 경우 의원의 직무는 자연 해임됨"이라는 임시약헌 제23조 규정에 따라 제명되었다.

　그럼으로써 윤기섭이 1920년부터 밀접하게 유지하여 왔던 임시정부 및 임시의정원과의 공식적인 관계는 1934년에 와서 단절되었다. 이 무렵 윤기섭은 관내지역의 대독립당인 민족혁명당을 결성하는 과정에 깊숙이 참여하고 있었다. 윤기섭이 임시정부와의 관계를 정리한 것은 민족혁명당이 관내지역 독립운동정당을 모두 포괄하는 단일대당을 자처하면서 임시정부의 권위를 인정하지 않았기 때문이다.

단일대당 민족혁명당 창당에 참여하다

1920년대 중반 이래 '대독립당' 결성을 지향하였던 민족유일당운동
이 참여세력의 노선 차이와 이념적 편차로 무산되었던 것은 앞에서 본
바와 같다. 하지만 이러한 통일 논의가 완전히 없어진 것은 아니었다.
1920년대 말의 세계적 경제공황과 1931년의 9·18사변, 1932년의 상해
사변 등 일제의 대륙침략이 본격화되자 한인독립운동 진영에서는 다시
항일투쟁의식이 고조되고 효과적인 항일투쟁을 전개하기 위한 독립운
동 진영의 통일전선이 모색되었다.

민족통일전선의 결성을 위한 움직임은 1932년 10월에 표면화되었
다. 1932년 10월 12일 상해 프랑스조계 동방여사東方旅社에서 한국독립
당의 이유필·송병조·김두봉, 조선혁명당의 최동오, 한국혁명당의 윤기
섭·신익희, 의열단의 한일래·박건웅, 한국혁명동지회의 김규식 등 9인
이 각단체연합주비위원회를 결성하였다. 같은 달 23일에 열린 주비위원
회에서는 연합체의 명칭을 '한국대일전선통일동맹韓國對日戰線統一同盟'으로
하고 연합체의 성격을 협의기관으로 할 것을 결의하였다. 통일동맹은
단일대당 결성을 위한 임시기구의 성격을 띠고 있었다. 이때 한국혁명
당의 대표였던 윤기섭은 통일동맹의 중앙집행위원으로 선임되어 활동
하였다.

그 후 통일동맹은 1934년 3월 1일 제2차 동맹대표대회 및 '한국혁명

한국대일전선통일동맹이 결성된 상해 프랑스조계 동방여사

각단체대표대회'를 개최하였다. 의열단과 신한독립당이 주도한 통일동맹은 당초의 목적대로 각 단체를 해소하여 완전한 대동단결체를 조직한다고 천명하였다. 하지만 신당 결성에 대해 각 단체와 정파 사이의 입장이 일치한 것은 아니었다. 의열단과 신한독립당·조선혁명당·대한독립당은 이구동성으로 기성단체 해소와 단일신당 결성안을 적극 지지하였다. 반면, 임시정부 및 한국독립당과 김구는 통일대당 결성에 대해 시기상조라거나 혹은 명백히 반대한다는 입장을 취하였다. 임시정부측의 반대로 결국 통일동맹의 참여단체인 상해 한국독립당의 전폭적인 지지를 확보하지 못하였다. 통합의 또 다른 걸림돌은 과연 통일전선에서 민족주의와 공산주의가 명실상부하게 통일될 수 있는가 하는 점이었다.

　이러한 경향은 신한독립당도 마찬가지였다. 신한독립당 내에서도 ‘단일당’을 반대하는 인사들이 있었다. 만주에서 공산주의자들과 대립을 경험하였던 청년당원들이 그랬고, 연병호·조경한·민병길 등이 ‘적색단체’인 의열단과의 합작 통합은 결코 수용할 수 없다고 하면서 반대하였다. 신한독립당의 만주 세력을 대표하는 이청천도 내심 김원봉과 통합을 반대하고 있었다. 일제 정보자료에는 이청천이 ‘김원봉 일파의 공산주의 이데올로기를 혐오’하여 신당 결성에 반대하는 입장에 선 것으로 되어 있다.

　윤기섭은 의열단 계열과 단일대당 결성에 대해 반대하고 있던 신한독립당 내 인사들을 대상으로 통합을 위한 설득에 발 벗고 나섰다. 그는 홍진과 함께 양자 사이를 오가며 이들을 적극적으로 설득하였다. 윤기섭은 홍진 등과 함께 “아무리 적색단체이지만 합작하여 힘차게 일해 나가는 도중에 이들을 융화시킬 수도 있는 것”이라며 이들을 설득하였다. 그 결과 통합을 반대하던 상당수 당원들이 조건부로 단일당 결성을 찬성하는 쪽으로 기울어졌다.

　동시에 윤기섭은 김원봉의 의열단 계열로부터도 “공산주의운동으로서는 도저히 성공할 수 없어 민족주의로 전향한다.”고 표명케 하는 양보를 얻어냈다. 이는 신한독립당 내 반공인사들의 협조를 끌어내기 위한 것이었다. 그렇게 하여 단일대당 결성을 위한 분위기가 조성되었다. 윤기섭과 홍진의 대동단결을 위한 설득이 주효하여 신한독립당은 당론으로 단일신당 참가를 결정하게 되었다. 이후 신당 창당 작업은 탄력을 받게 되었다.

김구의 부인 최준례 장례식(『동아일보』 1924. 2. 18)과 김구의 모친 곽낙원 장례식

    또한 신당 창당 추진세력은 김구를 동참시키기 위해 노력하였다. 그리하여 김구와 가장 가까운 인사 가운데 한 사람인 윤기섭을 설득 사절로 보냈다. 윤기섭은 신민회 이후부터 의정원·정부 내각·노병회 등 임시정부 안팎에서 김구와 밀접한 관계를 유지하였다. 1920년 후반 윤기섭은 한때 프랑스조계 여반로呂班路(지금의 중경남로)에서 단층집을 세내어 김구·이동녕·조완구 등 기호파 인사들과 함께 동고동락하기도 했었다. 『동아일보』의 보도에 의하면, 1924년 2월 4일 프랑스조계 외인묘지에서 열린 김구의 부인 최준례의 장례식에서 윤기섭이 폐병으로 안타깝게 사망했던 고인의 험했던 인생역정을 회고하여 회장한 일동의 눈에 눈물이 비 오듯이 흘렀다고 한다. 이 일화에서 윤기섭과 김구의 관계를 잘

볼 수 있다.

때마침 김구도 중국 국민당정부 장개석 주석을 면담하고 그 결과 추진된 낙양군관학교 한인특별반 운영을 위하여 남경에 체류하고 있었다. 윤기섭은 김구를 만나 통일문제를 협의하고 그의 협조를 요청하였다. 그러나 김구는 불참 의사를 굽히지 않았다. 그 이유는 임시정부는 절대 해체할 수 없을 뿐만 아니라, 과거 통일운동이 실패한 전례로 보아 신당의 장래를 낙관하기 어렵다는 것이었다. 그리고 김원봉은 공산주의 이념을 품고 있고 국제공산당과도 관련을 맺고 있으니 그와 대오를 같이하기 싫다고 하였다. 김구는 의열단의 김원봉을 공산주의자로 규정하고 "한이불 속에서 딴 꿈을 꾸려는 통일운동에 참가할 수 없다."는 입장을 취하고 있었다. 사실 좌파에 대한 김구의 인식은 임시정부 수립 초기부터 형성되었던 뿌리깊은 것이었다.

결국 신당 추진세력은 한국독립당의 김구 계열을 제외한 관내지역 독립운동 세력을 통합하여 민족혁명당을 결성하였다. 관내지역 독립운동 진영의 단일대당 민족혁명당에 참여한 단체는 의열단(김원봉)·한국독립당(조소앙)·조선혁명당(최동오)·신한독립당(이청천)·대한독립당(김규식) 및 재미 4단체(뉴욕 대한인교민단·미주국민회·하와이국민회·하와이혁명동지회) 등 9개 단체였다. 이들 단체들은 1935년 2월 통일동맹 제3차 대회를 개최하여 집행위원을 선임하고 통합신당의 주의·강령·정책·규약의 초안을 작성해 통보하였다. 그 해 6월 25일 남경 소재 신한독립당 사무실에서 각 혁명단체 대표대회를 개최하여 '신당'을 결성하기로 결의하였다.

1935년 6월 29일부터 개최된 정식회의에서는 당의·당강·정책을 제

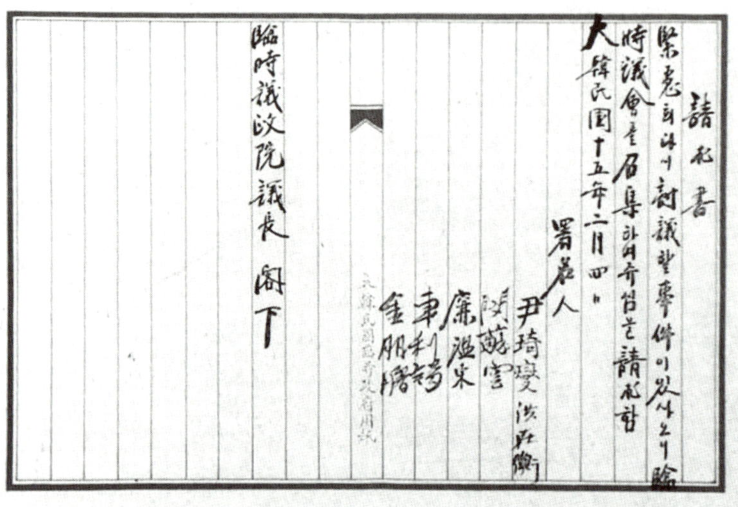
임시의정원회의 개최를 요구한 청구서

정하였다. 당명만 제외하고는 신한독립당이 제시한 초안의 복사판이라
고 해도 좋을 정도로 똑같은 내용이었다. 요약하자면, 민주공화국 건설
을 이념으로 삼고, 신국가의 경제체제는 토지와 대생산기관의 국유, 통
제경제 체제 및 사유 제한의 원칙에서 재구성되어야 한다고 하였다.

7월 4일 신당 창당 대표대회가 개최되었다. 여기서는 예비회의에서
결정된 사항을 정식으로 통과시키고 중앙집행위원을 선거하였다. 그리
고 7월 6일 개최된 제1차 중앙집행위원회에서 당무위원회 조례를 정하
고 부원을 정하였다.

민족혁명당 내에서 윤기섭은 중앙집행위원회 위원에 선임되어 당내

최고위 반열에 올랐다. 민족혁명당은 당시 김구를 중심으로 한 임시정부 고수파를 제외한 중국 관내지역 민족운동 진영의 중요한 인물을 망라하였다. 창당 초기의 진용을 통해 볼 때, 이 시기에는 민족혁명당이 어느 한 단체에 치중하지 않고 명실상부한 통일전선 정당으로 위치를 잡기 위하여 노력하였음을 알 수 있다.

윤기섭은 중앙집행위원과 아울러 중앙당부의 활동도 병행하였다. 그는 신흥무관학교 이래의 무관양성 경력을 인정받아 훈련부 부장에 취임하였다. 그리고 이청천과 함께 당내 군사부에서도 활동하였다. 군사부에는 윤기섭과 이청천을 비롯하여 김창환·성주식이 군사부원으로 포진하였다. 따라서 군사훈련을 담당하는 훈련부와 군사부는 윤기섭·이청천·김창환·성주식 등 서간도 출신 세력이 중심이 되었다. 이러한 배치는 군사문제에 대한 만주인사들의 풍부한 실제 경험을 참작한 것이었다.

군사부는 이청천의 책임 아래 화북·만주를 활동지역으로 하여 반만항일군과 연대하여 군사활동에 종사함과 아울러 각지에서 한국청년의 군사훈련을 실시하는 것이 주된 활동이었다. 군사부는 3단계의 활동 목표를 수립하고 시기별로 활동을 전개하기로 하였다. 단계별 활동 내용은 다음과 같다.

① 제1단계 활동: 간부훈련생의 혁명적 교육, 즉 군사인재의 양성이다.
② 제2단계 활동: 군사공작 부원을 만주·화북 등 적후방에 밀파하여 지하조직을 확충한다.
③ 제3단계 활동: 적후방에서의 적극적 교란 활동을 통하여 독립전쟁을

개시하되, 이러한 활동은 만주에 잔류하고 있는 독립군과 배합하여 전개한다.

구체적으로 보면, 제1단계 군사인재 양성은 민족혁명당 군사부의 자체 훈련, 군사학 편찬위원회의 조직, 중국군관학교에 대한 군사훈련 위탁 등의 형태로 진행되었다. 군사부에서는 민족혁명당 군사부의 1단계 목표인 군사인재 양성을 위하여 신한독립당 계열 및 의열단 계열의 청년들을 합치기로 하였다. 그리하여 1935년 9월 하순 무렵에 이청천은 군사부 책임자로서 남경에 근거지를 만들고 원래 신한독립당 군사인재들과 의열단에서 보내온 군사인재들을 합하여 군관훈련을 지속하였다.

또한 민족혁명당 군사부는 국민정부 군사위원회 소속 남경 중앙군관학교에 학생을 입학시키기 위하여 교섭하였다. 이 학교 교장 장치중張治中은 낙양군관학교 한인특별반의 경우처럼 일본측의 항의가 제기될 것을 두려워하였다. 그러나 이청천과 김원봉의 설득으로, 입교에 관해 절대로 비밀을 엄수할 것과 일체의 책임을 민족혁명당에서 질 것을 조건으로 하여, 1935년 10월 중순경 12명의 군관 후보생을 남경중앙군관학교에 입학시키는 성과가 있었다. 그러나 이들 후보생은 일본측의 항의를 우려한 장개석이 장치중에게 명하여 '퇴학'시키도록 조치하여 결국 졸업하지는 못하였다.

그럼에도 불구하고 낙양군관학교 한인특별반, 의열단의 조선혁명간부훈련반, 신당 결성 후의 자체 군사훈련, 중국군관학교에의 위탁교육 등을 통하여 관내에서의 군사인재 양성은 큰 성과를 가져왔다.

한편 국제적 상황이 긴박해지고 있다고 판단한 민족혁명당 지도부는 그간의 활동을 바탕으로 1936년 1월부터 2단계의 활동에 들어갔다. 2단계 활동은 적후방활동을 위한 근거지 구축이었다. 군사 기간요원을 군사부로 배치하고 화북·만주 등지로 파견하여 무장활동의 기반 확충을 위하여 활동하기 시작하였던 것이다. 실제로 1936년 9월 이청천·윤기섭 등은 중국동북군 사령관 장학량張學良과 연계하기 위하여 직접 서안에 다녀오기도 하였다. 그 결과 장학량과는 초보적인 연계가 이루어지고 군사자금을 지원받기도 하였다.

당시 일본측 관헌자료에 의하면, 민족혁명당의 적후공작활동은 이청천과 윤기섭의 군사부를 중심으로 하여 이루어지고 있었다. 군사부는 적후방 지역으로 공작원을 파견하여 독립군의 근거지를 마련하려고 노력하였다. 그 중심 지역은 만주·화북 등 일본군 점령지역이었으며 이로 인해 다수의 독립군 출신 혹은 군관학교 출신 청년들이 일경에 의해 체포되기도 하였다.

단일대당으로 출범한 민족혁명당은 얼마 지나지 않아 균열의 조짐이 나타나기 시작하였다. 시간이 지날수록 당을 구성하고 있던 각 세력 간의 주도권 장악을 위한 대립이 심화되어 갔다. 신당의 주요 요직은 실세를 갖고 있던 의열단 및 신한독립당 계열이 장악하고 있었고 의사 결정 또한 그들에 의해 이루어졌다. 여기에서 오는 소외감과 이데올로기 문제 등으로 인한 갈등으로 조소앙·박창세·문일민 등 상해 한국독립당 출신은 창당 3개월 만에 '고당원동지告黨員同志'를 발표하고 탈당하여 한국독립당을 재건하였다. 그러나 그 세력이 미미했기 때문에 이들의 탈당은 큰 영향을 미치지 못했으며, 민족혁명당은 여전히 민족주의와 사회주의의 연합체로서의 성격을 유지하였다.

그러나 김원봉과 이청천의 갈등은 민족혁명당의 앞날에 먹구름과 같은 것이었다. 민족혁명당 내 역학관계를 볼 때 당무를 관장하는 서기부장 김원봉이 당내 제1인자였다. 낙양군관학교에서 훈련받은 청년 등 군관 50여 명을 포용하고 있던 신한독립당 출신의 지도자 이청천이 그 다음 실력자였다. 두 세력 간에는 갈등이 상존했고 폭발할 가능성이 높았다. 당내 최대 계파인 김원봉은 처음 이청천이 만주에서 한국독립군 총사령관을 지내는 등 '영웅적인 지위'에 있었던 것에 비추어 우대하였다. 즉 김원봉 자신이 제1특구부당부第1特區部黨部라고 하는 특별조직체를 지휘하는 것에 비례하여 이청천에게도 같은 위상의 조직체를 주어 균형을 맞추려고 하였다. 이청천은 제2특구부당부의 주재자가 되어 휘하에 낙양군관학교 출신 및 기타 당원을 이끌었다.

특히 김구 세력이 이청천 및 신한독립당 계열을 유인하고 있다고 판단한 김원봉은 김구의 이러한 시도를 방지하는 한편 이청천의 이탈을 막기 위해 신한독립당 계열의 중심인물인 이청천·윤기섭 등에 대해서는 정책적으로 우대하였다. 하지만 동시에 이청천 휘하의 청년들을 그들로부터 분리시키기 위해 표면적으로는 지부조직 기타 공작임무를 부여하여 거의 전부를 각 지방으로 쫓아내고 의열단 계열로 하여금 이들을 감시케 하였다.

김원봉의 의열단계는 당체제 정비과정에서 서서히 당내 기간조직을 장악해갔다. 군사부(부장 이청천) 이외의 여타 실행부서들(당무부·조직부·

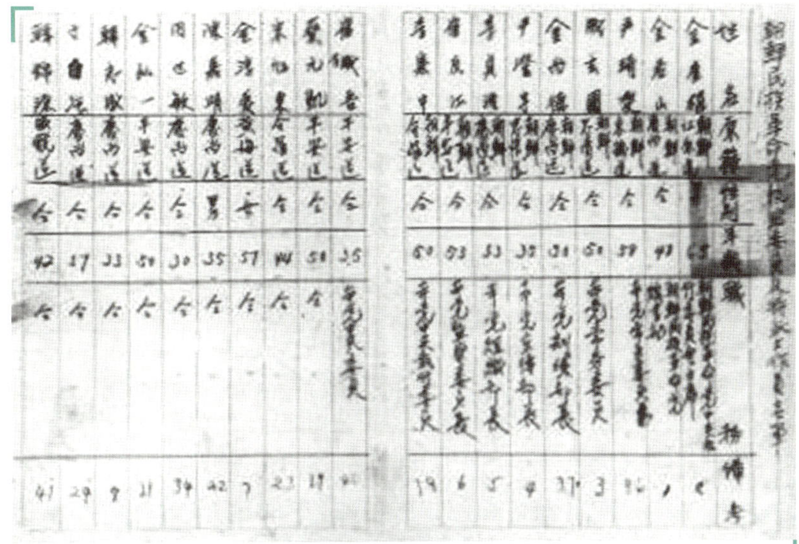

민족혁명당 각파 대표위원

선전부 등)과 별동조직인 특무대 요원 및 책임자는 거의가 의열단 및 친의열단계 당원으로 충원되었다. 그에 따라 김원봉의 영향력이 점차 커져 그가 주요 당무를 전관專管하는 양상까지 나타났다. 더욱이 1936년 7월 1일자로 발행된 민족혁명당 기관지 『민족혁명』 제3호에 의열단 단기團旗를 민족혁명당 당기黨旗로 발표한 것이 발단이 되어, 의열단 계열과 비의열단 세력의 대립이 심화되었다. 그 외에도 중국으로부터의 지원자금을 둘러싼 문제, 이데올로기 문제 등 양측의 모순이 누적되어 갔다. 특히 자금문제는 가장 큰 갈등의 요소였다.

결국 이러한 김원봉파와 이청천 계열의 갈등은 해소되지 못하였다. 1937년 1월부터 개최된 제2차 전당대회를 계기로 민족혁명당은 양분되고 말았다. 전당대회의 의장으로 선임되었던 윤기섭은 회의를 주재하면서 이청천 계열의 '분당행위'를 강력하게 비판하였다. 그로서는 모처럼 대동단결을 이룬 민족혁명당을 지키고 싶었을 것이다. 하지만 내연하던 대결의식은 마침내 상대편을 당에서 축출하려는 기도로까지 이어졌다. 먼저 이청천 계열은 3월 29일 한국민족혁명당 비상대회선언을 발표하고 호당護黨의 입장에서 김원봉 일파에 대한 청당淸黨을 단행하였다. 이에 김원봉파도 지체 없이 자파 중심의 간부회의를 소집하여 이청천·유동렬·최동오 등 11명을 제명하기로 결의함으로써 그에 맞섰다. 결과적으로 이청천파가 당에서 축출되는 것으로 사태는 일단락되었다. 관내지역 독립운동 진영의 대동단결을 목표로 성립되었던 민족혁명당은 결국 내부적인 갈등을 해소하지 못하고 분리되고 말았다.

신한독립당을 함께 하였던 이청천이 민족혁명당을 이탈할 때 윤기섭은 그와 함께 행동하지 않고 민족혁명당에 남았다. 이청천이 김원봉과 대립했던 것과 달리 윤기섭은 김원봉과 비교적 원만한 관계를 유지했던 것으로 보인다. 이청천과 함께 신한독립당을 결성하고 민족혁명당 창당에까지 공동보조를 취하였지만, 윤기섭은 나중에는 오히려 김원봉 계열과 더 가까운 관계를 유지하게 되었다. 열혈하고 솔직담백했던 윤기섭으로서는 역시 행동가형이었던 김원봉과 의기가 투합되었을지도 모른다. 김원봉과 이청천의 사이에서 중간적인 입장에 처해 있던 그는 결국에는 김원봉의 손을 들어주었던 것이다. 윤기섭과 김원봉 두 사람의 연대관계는 일제 패망 이후 해방정국에까지 이어졌다.

중일전쟁 이후
임시정부에서의 활동

남경 함락으로 근거지를 중경으로 옮기다

1931년 9·18사변 이후 일제는 화북5성을 점령하고 친일괴뢰 자치정부를 수립하려고 하였다. 이에 종전 유화적 태도를 보이던 중국도 국공합작으로 항일 분위기가 고조되고 있었다. 일본군은 국공합작으로 중국측의 대일 항전 역량이 강화되기 전에 무력으로 화북5성을 점령하려고 하였다. 마침내 1937년 7월 7일 북경 교외 노구교蘆溝橋에서 일본군의 도발로 전면적인 중일전쟁이 발발하였다. 중국 국민당정부는 결사항전을 결의하고, 수도를 남경에서 무한武漢을 거쳐 사천성의 중경으로 옮겼다. 단기전을 예상했던 일본은 중국 대륙이라는 깊은 수렁 속으로 빠져들게 되었다.

중국 관내지역의 독립운동 진영으로서는 중일전쟁이 가뭄에 단 비와

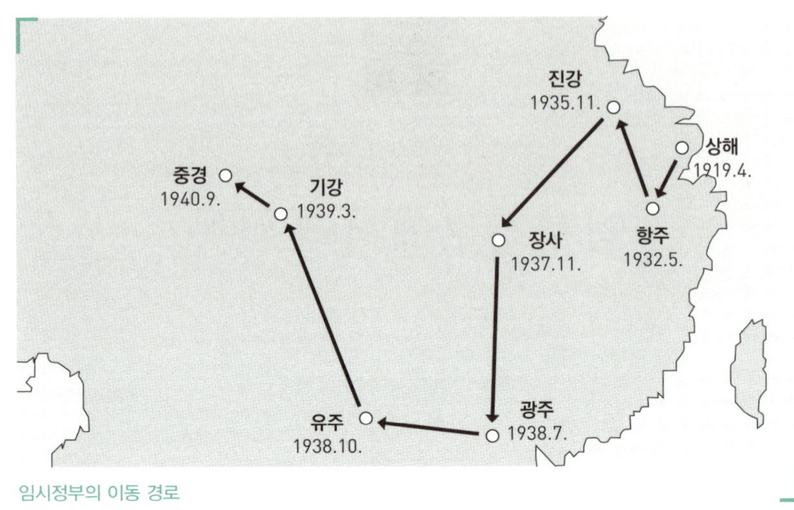

임시정부의 이동 경로

같은 희소식이었다. 그토록 기다려 마지 않던 중일전쟁을 맞이하여 한국독립운동 진영은 드디어 조국광복의 기회가 멀지 않았다고 흥분하였다. 그러나 전쟁 초반기 일본군의 승승장구로 독립운동 진영은 또 다시 근거지를 옮겨야 하는 상황이 되었다.

중일전쟁이 터진 다음 달인 8월 15일부터 일본군의 남경 폭격이 시작되었다. 당시 남경에 거주하고 있던 김구 등 독립운동가들도 일본군 비행기의 공습으로 집의 천장이 무너져내리는 등 피해를 입었다. 남경 시내 도처에서 공습으로 인한 불빛이 하늘로 치솟아 하늘색은 마치 붉은 담요를 펼쳐놓은 것과 같았다고 한다.

중일전쟁이 발발한 지 몇 달 후인 11월 5일 일본군이 항주만에 상륙한 뒤에 중국군의 저항선이 무너지자, 일본군은 퇴각하는 중국군을 추

격하여 남경으로 진격했다. 11월경에는 일본군이 남경 부근까지 육박하여 국민당 정부의 수도인 남경이 함락될 위기에 처했다. 12월 13일 남경이 점령된 후 일본군이 30여만 명의 중국 민간인들을 학살한 전대미문의 '남경대학살'도 바로 이때의 사건이었다.

윤봉길의거 이후 상해를 탈출한 많은 독립운동가들이 남경으로 옮겨와서 활동하고 있었기 때문에 남경은 독립운동의 근거지였다. 이곳에는 윤기섭이 몸담고 있던 민족혁명당 계열뿐만 아니라 임시정부와 한국독립당 계열의 우파 독립운동 세력도 활동하고 있었다. 그런데 일본군의 잦은 공습으로 이들은 하루에도 수차례나 방공호로 피신하였다. 결국

장사의 임시정부 청사

남경에 있던 독립운동 세력 및 그 가족들은 일본군을 피해 또 다시 이동하지 않을 수 없었다.

1937년 12월 남경이 일본군에 의해 점령되자 중국 국민당정부 수뇌부는 수도를 중경으로 천도하는 동시에 무한을 작전기지로 삼아 장기항전 태세를 갖추어 나갔다. 그러나 이듬해인 1938년 10월에 무한마저 일본군에게 점령당함으로써 중국의 정부기관은 중경으로 집결하게 되었다. 이때부터 일제가 패망하는 1945년까지 중국은 중경을 중심으로 대일항전을 펴나가게 되었다. 이러한 중일전쟁의 전황은 중국 관내지역에서 활동하고 있던 한국독립운동 진영에도 커다란 영향을 미쳤다.

윤기섭이 활동하고 있던 민족혁명당과 밀접한 관계를 가지고 있던 임시정부와 한국독립당 계열의 중일전쟁 이후 움직임을 간단하게 살펴보면, 임시정부와 한국독립당 계열은 1935년 10월 항주에서 강소성 진강鎭江으로 옮겼다가 한동안 남경에 자리를 잡는다. 그 후 일본군의 공격이 계속됨에 따라 장사·광주·유주·기강 등지로 옮겨 다니다가 1940년 최종적으로 중경에 정착하게 되었다.

임시정부는 중일전쟁의 개전과 더불어 민족의 독립이 멀지 않았음을 절감하고 대일전을 위한 준비를 서둘렀다. 중일전쟁 발발 직후인 7월 15일 임시정부는 국무회의에서 중일전쟁 발발에 따른 대책을 강구하였다. 군무부장 조성환曺成煥으로 하여금 군무부 산하에 대일전쟁 수행을 위한 군사계획 및 제반 업무를 통괄할 수 있는 군사위원회를 설치하게 하였다. 군사위원회의 임무는 장차 군사활동에 관한 종합적인 계획을 수립하는 것이었다. 그리고 일제에 대한 특무공작을 강화하고 장차 독립전쟁에 동원될 대부대를 편성하기 위하여 초급 간부를 양성하기로 하였다.

이와 더불어 흩어져 있던 독립운동단체들을 임시정부 중심으로 통합하였다. 임시정부의 여당인 한국국민당은 재건 한국독립당·조선혁명당 등 민족주의 독립운동정당과 합동 제휴하여 임시정부를 옹호 강화한다는 데에 원칙적인 합의를 보았다. 이들 3당은 1937년 8월 말 남경에서 미국의 대한인독립당·동지회·국민회·애국부인회·단합회·애국당 등 6개 단체와 연합하여 한국광복운동단체연합회(광복진선)를 결성하였다.

광복진선은 선전활동과 아울러 무장활동을 계획하였다. 당시 일제측

청년공작대 대원들

정보기록에 의하면, 광복진선은 중국측으로부터 지원금을 확보하여 일본군의 후방지역인 만주에서 대대적인 무장 봉기를 일으킬 계획이었다고 한다. 그러나 임시정부가 이동 중이었고 무장활동을 추진할 수 있는 자금이 없었기 때문에 그 계획은 현실화되지 못했다.

남경이 점령되기 전인 11월에 중국 정부의 이동과 함께 임시정부도 호북성 무한을 거쳐, 1938년2월에 호남성 장사로 옮겨갔다. 장사 지역 역시 곧 일본군의 침공 위협을 받게 되자 임시정부는 7월에 다시 광동성 광주로 이동하였다. 뒤이어 일본군이 광동 지역에 상륙하여 광주를 위협하게 됨에 따라 10월에 서쪽으로 철수하여 남해南海를 거쳐 11월에 광서성 유주에 도착하였다.

임시정부는 1938년 말 유주에 머물고 있는 동안 한국광복진선 청년공작대를 조직하였다. 청년공작대는 임시정부 산하 청년들 위주로 조직된 광복진선 산하의 청년무장조직이었다. 청년공작대는 유주 지역에서 항일의식을 고취하기 위한 선전활동을 전개하여 중국인들의 항일의지와 반일감정을 고취시켰다. 공작대는 정규군 편성이 어려운 상황 속에서 당면한 항일 선전활동에 주력하여 많은 성과를 거두었다.

임시정부는 1939년 5월 중경의 입구에 위치한 기강에 자리를 잡으면서 윤봉길의거 이후 시작된 긴 피난생활을 마치게 되었다. 기강은 중국의 임시 수도인 중경과 100여 리 밖에 떨어져 있지 않은 곳이었다. 기강에 정착한 임시정부는 기존의 한국국민당 외에도 광복진선측의 재건 한국독립당, 조선혁명당과 이른바 3당 연립내각을 구성하였다. 기존의 17명이던 임시의정원 의원도 재건 한국독립당과 조선혁명당에서 새로이 18명을 선출함으로써 임시의정원도 대폭 확대하였다.

임시정부는 기구의 확대 강화와 더불어 독립전쟁을 수행하기 위한 준비와 계획을 추진하였다. 우선 참모부參謀部를 증설하여 군사계획의 수립을 전담하게 하였다. 기존의 군무부는 군무행정軍務行政을 담당하게 하였다. 참모부는 정부의 내무·군무·법무·재무와 더불어 정부의 한 부서였기 때문에 참모장은 국무회의의 일원이 되어 군사계획을 추진하게 되었다.

한편 중일전쟁으로 인한 전화를 피해 민족혁명당 계열도 긴 피난길에 올랐다. 민족혁명당의 최종 목적지는 국민당정부의 임시 수도 중경이었다.

임시정부와 한국독립당 계열이 육로 및 수로를 이용하여 장사·광주·유주·기강을 거쳐 중경으로 간 것과는 달리 민족혁명당 계열은 곧바로 배를 이용하여 장강을 거슬러 올라갔다. 11월 14일 남경을 출발한 후 무한·의창宜昌·만현萬縣·석보탑石寶塔 등을 경유하여 다음 해인 1938년 3월 13일에 최종적으로 중경에 도착하였다. 약 4개월 가까이 걸린 긴 이동이었다.

1937년 11월 14일 일본군에 의해 함락될 위기에 처해 있던 남경을 출발한 민족혁명당 인원 90명은 중국측으로부터 임대한 목선木船 7척에 나누어 타고 우선 중간 기착지인 무한으로 출발하였다. 김원봉이 총지휘관을 맡고 목선 1척마다 조장 한 사람씩을 배치하였다. 그러나 목선의 속도가 느렸기 때문에 한 달 후인 12월 16일에야 비로소 무한에 도착하였다. 여기서부터는 다시 배편을 마련하여야 하였다. 무한에서는 다음 배편이 준비되는 동안 거처할 곳이 마땅치 않아서 타고 간 목선에서 약 3주 동안 생활하였다.

무한에서 민족혁명당 대가족은 자연스럽게 역할 분담이 이루어져 두 그룹으로 나누어졌다. 한쪽은 무한에 잔류하고 다른 한쪽은 대가족을 이끌고 중경으로 철수하는 것이었다.

먼저 김원봉은 핵심 당원 10여 명과 함께 무한에 잔류하여 이곳에 민족혁명당 본부를 설치하고 공작을 추진하였다. 무한은 과거 신해혁명의 진원지였고 북벌전쟁기에는 혁명정부의 수도로서 혁명의 전통이 밴 유서 깊은 도시였다. 국민당정부의 수뇌부도 일부는 중경으로 가고 일부는 무한을 작전기지로 삼아 장기 항전 태세를 갖추어 나갔다. 중국공산당 관계자도 무한에 팔로군 판사처를 설치하였다. 무한을 지키기 위해 각국의 지원활동도 전개되었다. 그 대표적인 예로 '정의의 검'이라고 불린 소련 공군의용대가 참전하여 일본 전투기의 무한 공격을 저지한 것이다. 때문에 무한은 항일전쟁의 중심지가 되었으며 '동방의 마드리드'로 불렸다.

조선의용대 성립 기념 사진

　　무한에 근거지를 마련한 김원봉과 민족혁명당 수뇌부는 중경과 연락
을 취하면서 중국군의 배후에서 일본군에 대한 교란작전을 전개하기로
하였다. 그 중심은 1938년 10월 10일 호북성 강릉江陵의 중국군관학교
특별훈련반 졸업생을 중심으로 해서 조직된 조선의용대였다. 조선의용
대는 창설 직후부터 무한에서 국민당군에 배합하여 대적선전활동에 종
사하였다. 조선의용대는 무한이 함락되는 최후의 순간까지 남아 항전을
고취하는 선전활동을 전개하다 극적으로 철수하였다. 이러한 조선의용
대의 용감한 활동은 중국 민중의 찬사를 받았다. 얼마 후인 10월 말 무

한이 일본군에 의해 함락되면서 무한을 철수한 민족혁명당 본부와 조선의용대는 계림으로 근거지를 옮기게 되었다.

한편 윤기섭 인솔하의 민족혁명당 대가족은 해를 넘긴 1938년 1월 8일 비로소 무한을 출발하였다. 이번에는 불편하고 느린 목선이 아니라 기선이었다. 중국정부와 김원봉의 알선으로 무한의 민생공사民生公司 기선을 타고 4일 후인 1월 12일에 다음 기착지인 장강 중류의 교통 요지인 호북성 의창에 도착하였다.

의창에 도착한 대가족은 이곳에서 또 3주 동안 체류하였다. 이곳부터는 다시 목선을 이용하여야 했기 때문이다. 당시는 전시의 혼란한 상황으로 중국인으로부터 목선을 빌리는 데 적지 않은 시간이 걸렸다. 대가족은 의창 장강 남안의 농가에 분산하여 체재하였다. 그러던 중 의창 현지의 기독교 목사 이효李孝의 도움으로 어렵게 목선 4척을 임대할 수 있었다. 2월 5일 의창을 출발하여 2월 23일 아침 사천성 만현萬縣에 도착하였다.

만현에는 일찍이 임시정부에서 활동하였던 최성오崔省吾가 만현병원을 운영하고 있었다. 또 이곳에는 대동단·임시정부에서 활동하다가 최성오보다 먼저 이곳으로 와 병원을 운영하다 순국한 나창헌羅昌憲의 묘소가 있었다. 이춘암李春岩의 제의로 일행은 묘소를 참배하였다.

나창헌의 묘소 참배 후 일행은 다시 출발하여 2월 26일 만현과 중경의 중간 지점인 석보탑에 도착하였다. 그런데 이틀 후가 3월 1일 곧 독립선언 기념일이었으므로 이곳에서 3·1기념식을 거행하기로 하였다. 비용은 만현병원의 최성오와 임득산林得山 두 사람이 기부하였다. 민족혁명당 당원이던 임득산은 당시 남경에서 만년필상점을 경영하였던 인사였다.

독립선언 제19주년인 1938년 3월 1일 민족혁명당 일행은 사천성 석보탑의 장강 연안 모래밭에서 3·1기념식을 거행하였다. 오전 11시에 시작된 기념식에서 윤기섭은 개회사를 통해 "우리들은 오늘을 기념하기 위해, 피난 중에 있는 우리들은 가는 배를 멈추고, 이 신성한 장소에서 지금부터 3·1기념식을 거행"한다는 취지의 발언을 하였다. 그리고 창가와 애국가 제창에 이어 "3·1기념일을 맞이하여"라는 제목으로 윤기섭이 엄숙하게 연설하였다. 이어서 이춘암과 윤공흠도 대동소이한 내용으로 강연을 하였다.

기념식이 끝난 후에는 준비한 점심을 먹었으며 여흥으로 아이들의 경기를 보면서 피난으로 지친 심신을 달랬다. 다음 날 석보탑을 떠난 대가족 일행은 1938년 3월 13일에 최종적으로 중경에 도착하였다.

중경은 장강 본류와 가릉강嘉陵江이 만나는 삼각주에 끼여 있는 작은 도시였다. 원래 인구가 몇 만에 불과하였으나 국민당정부가 옮겨온 후로 중경은 인구 백 만이 넘는 대도시로 변하였다. 중경은 두 강이 합류하는 지점에 있었기 때문에 늘 짙은 안개가 끼는 곳이었다. 그러므로 일본군의 공습을 피하는 데는 유리한 측면이 있었다.

그러나 구름과 안개 때문에 햇빛을 보기 힘들고 저기압의 분지로 지면에서 솟아나는 악취가 흩어지지 못해 공기는 극히 불결하며, 인가와 공장에서 분출되는 석탄 연기로 인해 눈을 뜨기조차 힘들었다고 한다. 그래서 폐병 환자가 많이 발생했고 그로 인해 사망한 독립운동가와 가족은 적지 않았다. 이때 김구의 큰 아들 김인이 폐병으로 사망한 일은 너무나 잘 알려진 경우이다.

또 도시 전체가 언덕을 이루고 있어 방공호를 파기가 매우 쉬워 일본군의 공습에 대비하여 시내 곳곳에 방공호를 건설하였다. 그러나 방공호의 수용능력에는 한계가 있었다. 일본군의 공습이 쉬지 않고 계속될 때에는 폭격으로 인한 사망이 아니라 방공호에서 질식사하거나 압사하는 경우가 더 많았다. 중경의 짙은 안개와 일본군의 끊임없는 공습은 중경에 도착한 독립운동 인사들과 그 가족들에게 앞날의 간고한 생활을 예고하는 것이었다.

민족혁명당 대가족은 중경에 도착한 직후 독립운동에 평생을 바쳤던 도산 안창호의 서거 소식을 접해야 했다. 1932년 4월 29일 윤봉길의거 당일 상해 일본영사관 경찰에 의해 체포되어 국내로 끌려갔던 안창호가 1938년 3월 10일 장서長逝하였던 것이다. 이 소식은 국내외에 널리 알려졌다. 국내에서는 일제의 혹독한 통제로 장례식조차 제대로 치루지 못하였으나, 국외에서는 추도회들이 도처에서 개최되었다.

안창호의 서거는 좌우를 막론한 독립운동 진영의 비보였다. 안창호는 신민회 때부터 함께 활동해 왔던 윤기섭뿐만 아니라 민족혁명당 내 젊은 좌익세력으로부터도 상당한 존경을 받고 있던 독립운동 진영의 걸출한 지도자였다.

당시 장사에 피난 중이던 임시정부도 『공보』(1938년 3월 20일자 호외)를 발행하여 안창호의 서거를 보도하고 추도대회를 거행하였다. 중경에 막 도착한 민족혁명당 중경 구당부도 4월 17일 상공회의소에 해당하는 중

경시상회重慶市商會에서 안창호 선생 추도회를 거행하기로 하였다. 민족혁명당 대표 윤기섭·신영삼申榮三의 명의로 중국측 신문에 추도회 관련 광고도 게재하였다.

이날 오후 2시부터 개최된 추도회에는 한인과 중국인 등 수백 명이 참석하였다. 중국측 내빈으로 천진 남개대학을 설립하고 총장을 역임하였던 장백령도 참석하여 애도를 표하였다. 그는 안창호와는 일찍이 깊은 교류가 깊었고 한인 학생들을 도와주던 친한파 인사였다. 그는 이 무렵 사천성에서 서남연합대학 교무위원회 상무위원과 아울러 국민당정부 국민참정회國民參政會 부회장, 중앙감찰위원 등을 역임하고 있었다.

추도회는 안창호의 깊은 영향을 받은 한중 양국 인사들이 모여 그를 애도하고 유지 계승을 다짐하는 자리였다. 먼저 윤기섭은 추도회 개회사에서 "우리 조선사람인 재류 동포는 선생님의 영령에 감사의 뜻을 표함과 동시에 그의 유지를 계승하여 조선혁명의 위업을 완성하는 데 다 같이 노력하지 않으면 안 된다."고 강조하였다. 윤공흠·이춘암 그리고 장백령 등이 고인을 추모하는 연설을 하였고 마지막에 조선독립만세 삼창을 한 후 폐회하였다.

중경에 도착한 민족혁명당 대가족은 중국 군사위원회측의 알선으로 장강 북쪽 연안에 있는 강북江北에 체류하였다. 하지만 이곳이 불편한 지역이어서 약 1개월 후에 다시 중경시의 남안南岸이라는 곳에 비로소 정착을 하게 되었다. 남안의 손가화원孫家花園에 있는 양옥과 평옥 두 채 등 모두 세 채를 임대하였다. 양옥에는 윤기섭·문일민·한일래·김해악 등 민족혁명당 중경지부 지도부가 거주하였고, 평옥 2채에 나눠 김홍서·윤공흠 등과 그 가족들이 생활하였다. 반면 이들보다 1년 늦게 온 임시정부 및 한국독립당 계열 인사들과 가족들은 주로 중경 교외의 토교土橋에 살았다. 토교는 중경 시내에서 남쪽으로 장강을 건너서 약 30리쯤 떨어진 조그마한 시골마을이었다.

남안에 정착한 윤기섭 등은 민족혁명당 중경시 구당부 조직을 정비하기 시작하였다. 당시 윤기섭은 민족혁명당 중앙집행위원이면서 중경시 구당부 의장으로 있었다. 구당부 위원으로는 윤기섭을 비롯하여 김홍서·문일민·임득산·김해악 등이 있었다. 구당부는 매월 한 차례 월례회를 개최하였는데, 국내외 정세·회계 등을 보고하고 소조회 별로 제안사항을 제출하고 토의하였다. 여기서 결정하기 힘든 것은 계림의 민족혁명당 본부에 보고하였다. 그리고 구당부 산하 3개 지역의 소조회도 매월 회의를 열고 필요한 사항을 협의하였다.

중경 임시정부에 다시 참여하다

윤기섭과 민족혁명당 대가족이 중경에 정착한 이후 민족혁명당 및 한국 국민당 등 좌우익 독립운동 진영의 통일전선운동이 추진되었다. 전면적인 중일전쟁은 민족운동 진영에게 조국독립을 쟁취할 수 있는 절호의 기회로 인식되었고 조국독립을 위해서는 우선 민족운동 세력이 단결해야 할 필요성과 당위성이 제기되었던 것이다.

먼저 김구의 한국국민당은 민족혁명당에서 탈당한 우익세력과 연합을 도모함으로써 임시정부를 확대·강화시키고자 하였다. 미주지역의 대한인국민회 등 6개 단체까지 연합하여 1937년 8월 광복진선을 결성하였음은 앞서 본 바와 같다. 이에 맞서 1937년 12월 민족혁명당을 중심으로 한 좌익 진영에서도 연합을 추진하였다. 민족혁명당은 김성숙金星淑이 주도하던 공산주의 단체 조선민족해방동맹, 유자명柳子明이 이끌던 아나키스트 단체 조선혁명자연맹이 연합하여 조선민족전선연맹(민족진선)을 결성하였다.

이로써 관내지역의 민족운동은 광복진선과 민족진선으로 연합을 이루면서 좌우 양대 진영으로 재편성되었다. 이제 남은 과제는 이 양대 진영이 연합을 하는 것인데, 마침 중국 국민당정부가 이들의 통일을 종용하고 나섰다. 통합을 위한 움직임은 독립 진영 내부에서도 있었다.

민족혁명당 인사들과 그 가족들이 거주하였던 중경의 남안 손가화원

민족혁명당 일행이 중경에 도착한 후 1년이 지난 1939년 3월 임시정부 대가족의 선발대가 중경에 도착하였다. 중경에 도착한 다음 날 김구는 민족혁명당 일행이 머물고 있던 남안의 손가화원을 방문하였다. 민족혁명당의 윤기섭·김두봉·성주식·김홍서·최석순 등이 김구에 대한 환영회를 거행하였다. 이 자리에서 김구와 민족혁명당 인사들 간에 좌우 독립운동 진영의 통합에 대한 논의가 이루어지면서 통일전선을 위한 분위기가 무르익어 갔다. 1939년 5월 이러한 내외의 요구에 부응하여 김구와 김원봉 두 사람은 공동명의로 "동지동포제군에게 보내는 공개통신"을 발표함으로써 양 진영의 통일운동이 구체화되었다.

그리하여 1939년 8월 중경 초입의 기강에서 양대 진영 7개 단체의 대표가 통일전선을 형성하기 위한 '7당통합회의'가 개최되었다. 각 단체 대표는 모두 통합의 당위성에 대해서는 찬성하였다. 하지만 1920년대의 민족유일당운동과 마찬가지로 단일당을 구체적으로 어떤 방식으로 조직하느냐 하는 방법론상에서 이견을 보였다. 다시 말하자면, 한국국민당이나 민족혁명당과 같이 세력이 강한 단체는 기존의 단체를 완전히 해체하고 신당을 조직하자는 단일당 방식을 주장하였다. 반면 세력이 약했던 조선민족해방동맹 등과 같은 군소 단체는 원래의 조직을 그대로 유지하면서 단체를 기초로 하는 연맹체를 조직하자는 연맹방식을 고수하였다. 군소 단체는 기존 단체를 유지함으로써 자신들의 정체성을 지키려고 했던 것이다. 그에 비해 세력이 큰 단체는 군소 단체까지 모두 흡수하여 자파 세력을 확대하고자 했다.

그밖에도 독립운동 최고기구의 성격에 대한 이견도 통합회의가 결렬된 원인의 하나였다. 통합운동 이후 출현할 독립운동의 최고기구를 새로이 조직되는 단일당으로 할 것이냐, 임시정부로 할 것이냐에 대한 문제였다. 이는 결국 민족운동의 주도권을 누가 장악하느냐는 문제로, 이를 둘러싸고 두 진영이 팽팽하게 대립하다 결국 통합회의는 결렬되고 말았다.

기강의 통합회의가 결렬된 이후 우익 진영은 1940년 5월 임시정부를 옹호·유지하는 여당으로서 한국독립당을 창당하였다. 그 몇 달 후인 9월 17일에는 임시정부의 국군으로 한국광복군을 창설하였다. 곧이어 10월에는 집단지도체제를 탈피하고 강력한 지도력을 행사할 수 있는 주석 중심의 단일지도체제로 개헌을 단행함으로써 임시정부는 당(한국독립당)·정(임시정부)·군(광복군)의 삼위일체 체제로 거듭나게 되었다. 인적 기반의 확대와 함께 조직과 체제가 정비되면서 임시정부의 위상과 역할은 크게 제고되었다. 반대로 김원봉이 이끌던 좌익 진영은 기강 7당통일회의 이후 내부 견해 차이로 세력이 크게 약화되기 시작하였다.

임시정부를 중심으로 한 우익 진영의 세력 결집과 좌익 진영의 세력 분열은 1940년대 민족운동 진영의 구도를 크게 변화시켰다. 그 변화의 핵심은 당시의 국제정세와 맞물리면서 임시정부로의 통일전선을 이루자는 주장이었다. 중국 국민당정부도 임시정부 승인문제를 거론하면서 지원창구를 임시정부로 단일화한다는 방침을 세우고 김원봉의 좌익 진영으로 하여금 임시정부로 합류할 것을 종용하였다.

따라서 민족혁명당도 태평양전쟁이 발발하기 훨씬 이전인 1941년 초부터 임시정부에 참여하기 위해 노력하였다. 이러한 움직임은 1941년 3월 민족혁명당과 조선의용대 본부가 계림에서 중경으로 이전되면서 본격화되었다. 종래 임시정부의 권위를 인정하지 않는다는 입장이었던 '불관주의不關主義'를 철회하고 1941년 5월 제5기 제4차 당중앙회의에서 임시정부 참여를 선언하였다.

불과 얼마전까지만 해도 임시정부 추대를 강하게 반대하였던 민족혁명당이 임시정부 참여를 선언하고 나선 데는 다음과 같은 사정이 있었다. 당의 주력인 조선의용대 역량의 80% 이상이 중국공산당 지역인 화북으로 북상하여 국민당정부의 의혹을 받고 있던 민족혁명당으로서도 임시정부의 우파 민족주의자들과 단결할 필요성이 절실하였다. 화북으로 간 조선의용대가 현지의 중국공산당 소속 한인들의 지배하에 편입되

어 중경 본부의 통제가 약화되고 있었는데 이를 방지하기 위해서도 중경
에 강력한 구심점을 만들 필요성이 있었다. 임시정부의 권위를 이용하여
화북에 간 조선의용대에 대한 지도력을 유지하고자 하였던 것이다.

그러나 민족혁명당의 임시정부 참여가 순조롭게 이루어진 것은 아니
었다. 민족혁명당은 임시정부 참여를 결의하면서도 한국독립당에 대해
임시정부를 확대해 각 당파가 똑같이 참여할 수 있는 기회를 갖도록 해
야한다고 주장하고, 이를 실천하기 위해 양당의 합당 문제를 논의하였
다. 민족혁명당은 이때 양당이 합당하여 임시정부를 지배하는 당적 통
일의 원칙을 고수하였다. 하지만 한국독립당측에서 화북으로 간 민족혁
명당 당원들은 신당의 당원이 될 수 없다고 고수함으로써 회의는 결렬
되고 말았다.

민족혁명당은 다시 임시정부 헌법의 개정, 의정원 의원 선출방법의
변경, 의원 임기의 규정, 중국 각지에 거주하는 동포와 광복군으로 11명
의 의원 보선을 요구하였다. 그러나 한국독립당은 민족혁명당의 제안을
'임시정부를 보호막으로 삼아 공산주의자에 대한 중국측의 단속을 피하
기 위한 것'으로 보고 거절하였다.

한국독립당의 비협조에도 불구하고 민족혁명당은 1941년 10월 15일
부터 열리는 제33차 임시의정원회의에 참여를 시도하였다. 1935년 이후
자신이 소속해 있던 민족혁명당의 임시정부에 대한 '불관주의' 입장으
로 인해 임시정부와는 소원한 관계를 유지하고 있던 윤기섭으로서도 임
시정부에 다시 참여할 수 있는 기회였다. 우선 민족혁명당은 결원된 임
시의정원 각도 의원을 보선하였다. 윤기섭은 경기도의원선거회에서 임

시의정원 경기도 의원으로 당선되었다. 윤기섭 앞으로 당선증이 발부된 날짜는 1941년 10월 10일이었다. 의정원 개원을 5일 앞둔 시점이었다.

의회 개원을 앞두고 한국독립당측은 의정원회의에 대한 공고문을 민족혁명당측에 보내지 않았다. 민족혁명당의 의정원 참여를 저지하기 위한 것이었다. 민족혁명당의 의정원 참여를 원했던 의정원 의장 김붕준은 의장 직권으로 각도 선거민에게 의원 보선을 통지하고 결원된 의원을 선거하도록 하였다. 그리고 이때 당선된 민족혁명당 소속 의원들이 의정원 개원식에 참석하도록 하였다. 그러나 선거업무를 관장하는 임시정부 내무부장 조완구는 개원 하루 전인 10월 14일에 '내무부 공고' 제1호를 공포하고 선거무효를 선언하였다. 의정원 의원의 선거는 임시정부 내무부가 선거인명부를 작성하여 시일과 장소를 통지하고 선거인을 소집하여 선거감독원의 입회 아래 투개표를 실시하는 것인데, 이러한 적법 절차를 무시했다는 것이 그 이유였다.

그럼에도 불구하고 새로이 보선된 민족혁명당 계열의 의원들은 당일 의정원 회의장에 입장을 시도하였다. 급기야 임시의정원을 장악하고 있던 한국독립당측이 경위대로 하여금 민족혁명당 의원들을 몰아내는 사태가 벌어졌다. 민족혁명당의 참여를 저지한 한국독립당은 의정원회의에서 의장 김붕준을 의장직에서 추방하였다. 이것이 이른바 '제33회 의회 불상사 사건'이었다. 이로써 윤기섭이 7년만에 다시 의정원에 진출할 수 있는 기회는 무산되고 말았다. 하지만 한국독립당의 저지에도 불구하고 민족혁명당의 임시정부 참여 노력은 그후에도 계속되었다.

1941년 12월 8일 때마침 태평양전쟁이 발발하였다. 일본의 동남아

침공에 대한 미국의 경제적 제재 조치
는 전쟁 물자의 대부분을 미국에서 수
입해 쓰고 있던 일본에 치명적인 타격
을 가하였다. 이에 일본은 대미 협상
을 시도하면서 한편으로 전쟁 준비를
진행시켜 나갔다. 결국 1941년 12월
1일의 비상각의에서 미국과의 개전을
최종적으로 결정하고, 8일에 하와이
진주만의 해군기지를 기습공격함으로
써 태평양전쟁을 일으켰다.

1937년 이래, 선전포고도 없는 상
태에서 4년여 동안이나 일본과 전쟁
을 계속해 오고 있던 중국은 태평양전

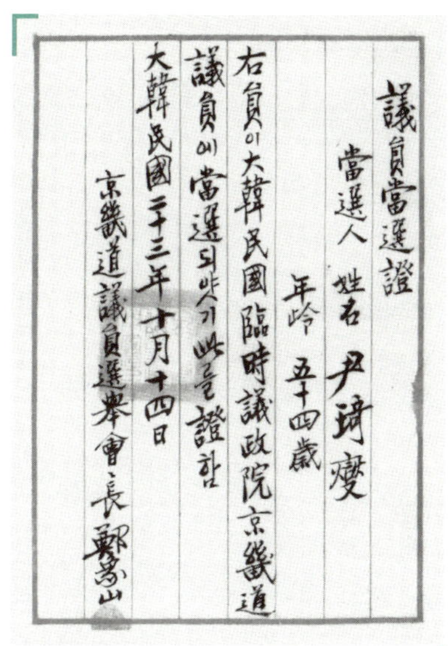

임시의정원 의원당선증(1941. 10. 10)

쟁으로 새로운 전기를 맞이하게 되었다. 군사력에서 우위를 점하고 있
는 일본의 공격에 고전하던 중국으로서는 이제 미국을 비롯한 영국·소
련 등의 국가들로부터 군사원조를 기대할 수 있을 뿐만 아니라 연합전
선을 형성하여 대일항전을 수행할 수 있게 되었기 때문이었다.

중·미·영 3국의 군사협력체제가 형성됨에 따라, 1942년 1월 7일에
중국 국민당정부의 장개석 총통이 중국전구 연합군 최고사령관으로서
중국·버마·인도지역의 연합군을 총지휘하게 되었다. 아울러 중국은 미
국과 영국으로부터 차관 또는 무상 군사원조를 받으면서 대일항전 태세
를 한층 강화하였다.

大韓民國臨時政府對日宣戰聲明書

吾人代表三千萬韓人及政府、謹祝中英美荷加澳及其他諸國之對日宣戰、以其為擊敗日本、再造東亞之最有效手段、茲特聲明如下、一韓國全體人民現已參加反侵略陣線、為一個戰鬪單位、而對軸心國宣戰、二、重複宣佈無效一九一零年合併條約及一切不平等條約、並尊重反侵略國家之在韓合理的既得權益、三、為完全驅逐倭寇於韓國中國及西太平洋起見、血戰至最後勝利、四、誓不承認日本卵翼下所造成之長春及南京政權、五、堅決主張羅卹宣言各條、為實現韓國獨立而適用、因此特預祝民主陣線之最後勝利。

大韓民國臨時政府主 席金 九

外務部長趙素昂

大韓民國二十三年十二月十日

임시정부의 대일선전성명서

한편 태평양전쟁이 발발하자 한국독립운동 진영은 독립을 이룰 수 있는 절호의 기회라며 큰 기대와 희망을 갖게 되었다. 임시정부는 1941년 12월 10일 '대일선전성명서'를 발표하였다. 중경의 동포들은 고국으로 돌아갈 날이 가까워졌다는 흥분과 기대를 안고 1942년의 새해를 맞이하였다. 김구 주석도 1월 1일자 장문의 성명서를 발표하여 1942년이 3·1운동에 이은 '제2차 대혁명'을 일으켜야 할 해라고 강조했다.

3·1절이 다가오자 임시정부는 기념대회를 성대하게 거행하기로 결

정하였다. 가능한 한 많은 동포를 참석시키고 중국정부의 요인들을 비롯하여 중경 주재 각국 외교사절들과 신문기자들을 초빙하여 3·1절 기념식을 임시정부의 승인을 촉구하는 대회집회가 되게 하고자 하였다. 이를 위해서 임시정부는 3·1절 기념대회 준비를 초당파적으로 진행하기로 하였다.

1월 26일의 임시정부 국무회의는 3·1절 기념대회를 준비하기 위한 주비위원 8명을 선임하였는데, 한국독립당의 차리석·엄항섭 등과 함께 윤기섭·최석순·김성숙·박건웅 등 민족혁명당과 조선민족해방동맹 인사들까지 위원 명단에 포함시켰다. 그리고 첫 주비위원회 모임에서는 윤기섭이 주비위원회 주석으로 선임되었다.

1942년 3월 1일 오전 10시 중경 시내의 상청사上靑寺 광파대하廣播大廈에서 3·1절 기념대회가 거행되었다. 이날의 기념대회는 임시정부가 상해를 탈출한 뒤로 가장 성대하게 거행되었다. 대회에는 중경의 모든 한인 독립운동단체 인사, 일반 동포들과 내빈까지 포함하여 400여 명이 참석하였다. 기념대회는 중국 국민당정부 인사들과 영국대사관 대표, 피치 목사 등과 중국측 신문기자들과 중경주재 외국 특파원들이 참석한 가운데 3시간 동안 성황리에 치러졌다.

미일 간의 전쟁이 발발하면서 적극적인 대일항전의 필요성과 함께 좌우익 민족운동 세력의 결집이 절실히 요구되었다. 이러한 내외 정세의 변화에 따라 좌익 진영을 주도하고 있던 민족혁명당은 임시정부에 참여할 뿐만 아니라 나아가 임시정부를 혁명의 최고기구로 확대·발전시킬 것을 촉구하였다.

민족혁명당은 태평양전쟁 발발 직후인 1941년 12월 10일 개최된 제 6차 전당대표회의에서 임시정부 참여를 당의 확고한 노선으로 결정하고 한국독립당과 더불어 통일협상에 노력한다고 결의하였다. 한국독립당 측에서도 태평양전쟁 발발로 인해 일제의 패망이 예측되고, 게다가 계 속되는 중국 국민당정부의 통합 권고를 무시할 수 없는 처지였기 때문 에 마침내 민족혁명당의 임시정부 참여가 결정되게 되었다.

1942년 10월 제34차 의정원회의에서 민족혁명당의 임시정부 참여를 공식적으로 승인하고 민족혁명당과 통일의회를 구성하였다. 이때 민족 혁명당의 김규식과 장건상이 임시정부 국무위원 겸 선전부장, 학무부장 으로 각각 선임되었고 윤기섭은 임시정부 외무부 외교연구위원에 선임 되었다.

민족혁명당이 임시정부에 참여하여 한국독립당과 통일의회 및 연립 내각을 구성하게 되자 민족혁명당이 중심이 되어 이끌고 있던 조선의용 대도 임시정부의 한국광복군에 편입되었다. 민족혁명당의 임시정부 참 여에 즈음하여 임시정부는 임시의정원 선거규정을 새로이 제정, 좌익 진영 인사들이 의정원에 참여할 수 있는 길을 열었다. 좌익 진영은 기존 의 조직과 세력을 그대로 유지한 채 임시의정원에 참여하였다. 임시의 정원은 좌우세력이 공동으로 참여하여 한국독립당이 여당, 민족혁명당 을 비롯한 좌익 진영이 야당 역할을 맡아 활기를 띠게 되었다.

임시정부에 참여한 민족혁명당은 1943년 2월 제7차 전당대표회의에 서 "임시정부를 국내의 혁명집단과 혁명군중의 기초 위에 확립시켜 다 시 전체 민족 독립사업을 영도하는 혁명정권기구로 발전하게 한다."고

1942년 2월 25일 타계한 송병조의 장례식

하여 단순한 임시정부 참여가 아닌 임시정부를 개혁한다는 더욱 적극적인 노선으로 전환하였다.

이후 민족혁명당은 임시정부 국무위원회의 개조, 확대와 의정원에 관한 약헌을 개정하기 위해 다양한 투쟁을 벌였다. 그 결과 민족혁명당은 1944년 4월 20일 개회된 제36차 회의에서 임시약헌을 임시헌장으로 고침으로써 국무위원의 수를 6~10명에서 8~14명으로 확대하고 주석 외에 부주석을 신설하였다. 민족혁명당의 김규식이 신설된 부주석에, 김원봉은 군무부장, 김상덕은 문화부장에 취임하였다. 이밖에도 국무위원으로 김원봉·성주식·장건상 등이 선임되었다. 임시의정원에 이어 임시정부도 한국독립당 일색에서 벗어나 좌우합작에 의한 통일전선 정부를 이루게 되었다.

이로써 임시정부는 명실공히 좌우세력이 통일을 이룬 연립내각정부를 구성하게 되었다. 임시정부로의 통일전선 형성은 1927년 국내에서 조직된 신간회, 1935년 민족혁명당과 더불어 통일전선운동이 거둔 대표적 성과였다. 물론 임시정부의 통일전선이 국외의 모든 세력을 망라한 완전한 통일전선은 아니었지만, 그 의의는 대단히 크다고 할 수 있다.

우선 정치적 이념과 노선을 달리하는 좌우세력이 통일단결을 이루었고 이로 인해 임시정부가 수립 당시와 같은 민족운동의 대표기구이자 최고기구로서의 위상과 역할을 되찾게 되었다는 점을 들 수 있다. 그리고 임시정부가 양당체제로 운영되면서 의회민주주의의 훈련을 할 수 있게 되었다. 마지막으로 좌우세력의 통일전선정부가 1945년 8월 해방 때까지 유지·발전되어 민족이 통일·단결된 모습으로 해방을 맞이하게 되었다는 데 큰 의의가 있다.

1941년 10월 의정원 진출이 좌절되었던 윤기섭은 이번에는 의정원보다는 정부 방면에서 활동하게 되었다. 예전과 마찬가지로 군무부 등 군사관련 문제를 주로 담당하였다. 1943년 3월 윤기섭은 임시정부의 군무부 차장에 임명되었다. 오늘날의 국방부 차관에 해당되는 직위이다. 이때 임시정부의 차관급 인사가 대대적으로 이루어졌다. 내무부 차장에는 김성숙, 외무부 차장에는 신익희, 법무부 차장에는 이현수李顯洙, 재무부 차장에는 신환申桓, 교통부 차장에는 김철남金鐵南, 학무부 차장에는 유자명이 선임되었다.

당시 군무부 부장은 한국독립당의 조성환曺成煥이었다. 그는 만주 북로군정서 참모장, 밀산에서 조직된 대한독립군의 부총재, 한국광복군의 전신인 군사특파단軍事特派團 단장 등을 역임하였던 인사였다. 비록 당은 다르나 윤기섭과 조성환은 일찍이 신민회 활동을 함께 한 바 있었다.

임시정부의 군사문제를 관장하는 군무부 차장으로서 윤기섭의 앞에는 임시정부의 국군인 한국광복군의 활동을 제약하던 이른바 '한국광복군행동 9개 준승準繩'(이하 '9개 준승')을 폐기하고 새로운 협정을 체결해야 하는 현안이 놓여 있었다. 임시정부는 중경에 도착하기 1년쯤 전인 1939년 11월 서안에 군사특파단을 파견하여 병력을 모집하는 한편, 중국 정부와 교섭하였다. 중국 안에서 군대를 편성하려면 중국 당국의 양해를 얻어야 했고, 또 중국측에 원조를 의뢰할 필요가 있었기 때문에 광복군 창설을 준비하고 있던 김구는 중국 국민당정부의 한국 담당자들을 대상으로 광복군 편성의 필요성을 역설하였다.

마침 중국 국민당정부도 일본의 화평공작과 이에 따른 내부의 협상론이 제기되면서 항일 의지가 약화되고 있었다. 국민당정부는 이러한 내외적인 위기를 돌파하기 위해 대일전선에 한국인·대만인 등을 동원한다는 정책을 수립하고 있었다. 임시정부에서 제기한 광복군의 창설계획 및 총동원방략과 서로 통하는 것이었다. 이에 임시정부는 1940년 9월 17일 중경의 가릉빈관嘉陵濱館에서 광복군총사령부성립식을 개최함으로써 광복군 창설을 내외에 공포하였다. 광복군이 독자적이고 자주권을 가진 임시정부의 국군이며 동시에 대일전에 참전하는 연합군임을 천명하였다.

하지만 광복군은 창설 후 중국 국민정부의 정책에 의해 임시정부에서 분리되어 중국군에 예속되고 말았다. 국민당정부 군사위원회는 조선 의용대의 주력이 화북으로 이동하여 중국공산당의 통제하에 편입되었던 전철을 밟지 않기 위해 새로 조직된 광복군에 대한 통제를 강화하였다. 중국군사위원회는 광복군의 행동을 제약하는 '9개 준승'을 한국측에 강요하여 지휘권뿐만 아니라 인사·정훈 등 모든 방면에서 견제를 가하였다. 특히 삼민주의 강요는 도를 넘어 한국 독립운동 진영의 민족 자존심을 심각하게 훼손하였다. 때문에 전 민족의 대표를 자임하는 임시정부로서는 '9개 준승'을 폐기하여 광복군의 통수권을 찾아오는 데 사활을 걸지 않을 수 없었다.

그리하여 1943년부터 임시정부 내에서는 9개 준승 폐기를 향한 여론이 비등하였다. 더욱이 그 해 11월 22일 미·영·중 연합국의 카이로회담이 개최되었다. 회담 결과, '① 전후 한국의 독립과 자유를 보장할 것, ② 일본이 무조건 항복할 때까지 동맹국이 결속하여 항전할 것' 등의 내용을 담은 이른바 '카이로선언'이 발표되었다. 이 선언에 고무되어 임시의정원 제35회 회의에서 '9개 준승'의 폐기 문제를 둘러싸고 열띤 논쟁이 벌어졌다.

회의의 쟁점은 '9개 준승'에 대한 성토와 함께 그것을 즉각 전면 취소할 것인가 아니면 점진적으로 개선할 것인가의 여부였다. 참석한 의원 대부분이 '9개 준승'의 부당성을 인정하는 가운데 손두환·문일민 등 민족혁명당계 의원들은 민족정신을 앞세워 '9개 준승'의 즉각 취소를 주장하였다. 이에 비해 한국독립당계 의원들은 '9개 준승'을 일방적으로 취소할 경우 중국정부와의 관계가 악화되므로 점진적으로 개선하자는 입

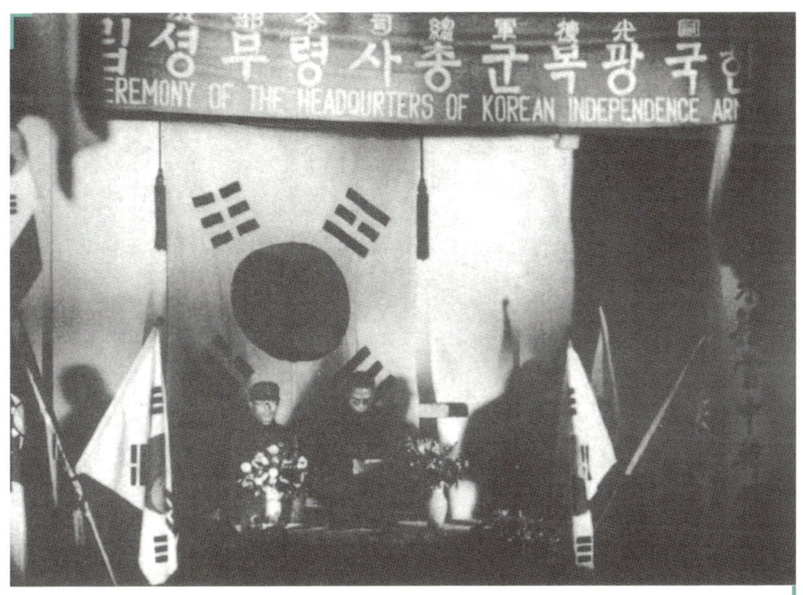

한국광복군총사령부 창설식

장을 보였다. 이러한 차이는 의정원 내에서 민족혁명당이 야당이었고, 한국독립당 인사들이 정부 당로자였다는데서도 기인하였다.

윤기섭도 군무차장의 자격으로 이날 의정원회의에 참석하였다. 그는 '9개 준승'으로 나타난 중국군사위원회의 주권 유린을 강력하게 규탄하였다. 즉 중국이 바라는 한국 독립이란 중국의 일부분으로서의 한국일 뿐이라고 주장하면서 "광복군은 중국의 노예군대"라는 극단적인 언사로 분노를 표출하였다. 그는 중국의 한국에 대한 인식과 태도에 대하여 다음과 같이 발언하였다.

중국 사람의 뇌 가운데 즉 요인의 뇌 가운데 있기를 한국이 독립하는 것은 좋다. 한국독립은 중국의 일부분이다. 그래서 지금 중국이 우리에게 군권軍權을 침해하는 것까지 감행하고 있다. 그것은 우리가 민의를 모르고 한 까닭이다. 한 번 해 보고 두 번 하고 세 번 하는 것이다. 이것이 비록 조그만 일이라고 하겠지만 국방공관國防共管하자는 것과 꼭 같다 입니다. 그 사람들 생각에 그네들이 주권을 상실하고도 하는가? 왜 생각 하지 않겠습니까? 그네들이 암만 영토 야심 없다고 하지만 지금 우리 광복군에 대한 태도를 보면 그렇게 생각되는가 다른 열국列國들은 그것을 못보는가? 열국을 만날 때 그 사람들이 너희는 중국의 노예군인데 무슨 원조를 하겠는가?

윤기섭의 발언은 당시 중국 국민당정부 요인의 중화주의·대국주의 사고방식을 정확하게 지적하는 것이었다. 아울러 그는 '9개 준승'을 어떻게 처리할지에 대해 다음과 같은 절차를 제시하였다.

첫째, 광복군은 국군이 아닌 것을 성명할 것 그러면 군권軍權은 상실되지 않습니다.

둘째, 국군이 아닌 까닭에 한국광복군 명의를 취소합니다. …… 그것이 군권상실을 회복하는 것이고 9개 조항을 무효하게 만드는 것입니다.

셋째, 각처의 집단대원은 임시정부로 하여금 판리辦理케 하는 것입니다. 우리 방면에서도 전후 처리를 하는 동시에 중국측도 그것을 생각할 것입니다. 그러면 서로 모여 토론하게 될 것입니다. 그러면 그때 상당히 우리의 의견을 제공하자입니다.

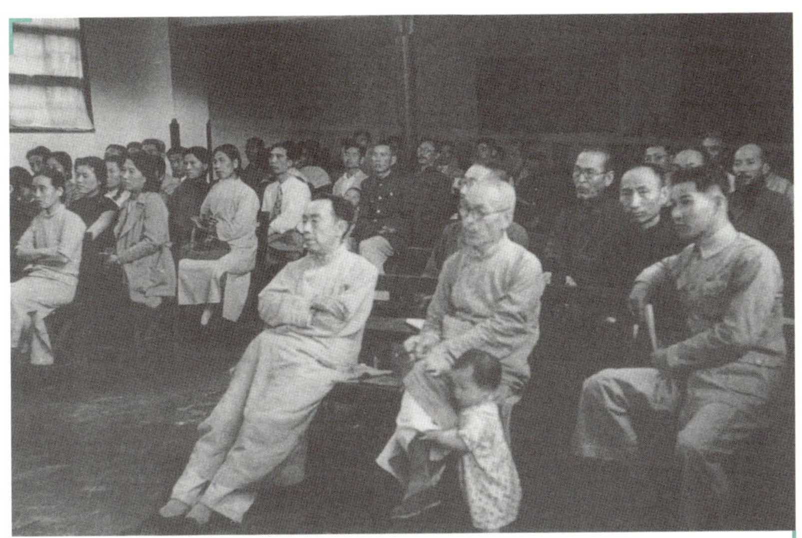

1943년 4월 중국 중경에서 열린 자유한인대회에 참석한 윤기섭
첫째딸 윤경자 여사가 아버지 옆에 꼭 붙어 있다.

다시 말해 광복군의 명의 자체를 취소하여 '9개 준승'을 무효로 만들자는 극단적인 의견이었다. 광복군이라는 이름을 없앰으로써 광복군에 대한 자주권을 회복하고 대원들은 광복군의 이름 없이 임시정부에서 관리하자는 방안이었다. 그가 군무차장이라는 정부 당국자의 위치를 감안한다면, 상당히 파격적인 해결방법을 제시한 것이라고 할 수 있다.

군무부장 조성환도 윤기섭과 비슷한 발언을 하였다. 그는 기본적으로 윤기섭의 의견에 동의하면서 '9개 준승'으로 경비 원조를 받는 대신 한국인이 받는 고통은 말할 수 없을 정도라고 목소리를 높였다. 나아가 광복군에 대한 '9개 준승' 때문에 심지어 개인행동까지도 제약을 받고 있어 광복군이 독립운동을 말살하는 기구라고까지 비판하였다.

군무부 부장과 차장이었던 조성환과 윤기섭의 발언이 이렇게 강경하였던 것은 당시 광복군 문제를 감독하는 기관이 중국군사위원회와 광복군총사령부이었기 때문이다. 광복군 '9개 준승' 문제에 대해 군무부는 비교적 자유로울 수 있었던 것이다.

윤기섭과 조성환, 그리고 민족혁명당 계열 의원들의 강경론에 대해 점진적인 개선안도 제기되었다. 상해 시절 그와 동지적 관계에 있던 한국독립당의 조완구가 이의를 제기하고 나섰다. 그는 윤기섭이 제기한 방법이 임시정부나 광복군이 모두 굶어죽을 것을 각오해야 가능한 것으로 비판하였다. 이상적이지만 현실성이 떨어지는 방안이라는 지적이었다.

중국 땅에서 군사활동을 하기 위해서는 '9개 준승'을 일방적으로 폐기할 수 없는 것이 당시의 현실이었다. 결국 3개월이란 단서를 붙여서 '9개 준승 취소 재교섭안'이 결의되었다. 즉 주권평등의 원칙 아래 수정교섭을 전개하되, 3개월 내에 이루어지지 않으면 일방적으로 '9개 준승'의 폐기를 선언하자는 것이었다. 그러나 일방적으로 '9개 준승'을 파기하는 문제는 광복군의 존립을 좌우하는 중대한 문제이므로 그 실행은 유보되었다. 대신 중국측에 대해 '9개 준승'의 취소 내지 수정을 요구함과 아울러, 임시정부를 승인하도록 촉구하는 노력을 병행하기로 하였다.

중국측과의 '9개 준승' 취소 교섭은 외무부장 주도하에 추진되었다. 이후 지루한 마라톤 협상이 이어졌다. 중국측도 '9개 준승'에 대한 한국측의 거센 반발을 계속 무시할 수만은 없었다. 더욱이 '9개 준승'을 일제 패망 후 한반도에 대한 중국의 야심으로 보는 연합국의 의혹에 찬 시선

別紙第一號 譯文

韓國光復軍을 本會에서 統轄指揮하게 된 後에 邊行할 九項準繩

一、韓國光復軍은 我國의 抗日作戰期間에 在하야 本會에 直隸하야 參謀總長이
掌握運用함.

二、韓國光復軍은 本會에서 統轄指揮하되 我國이 繼續抗戰하는 期間 및 韓
國獨立黨臨時政府가 韓國 境에 推進하지 못하고 韓 내에 있어서는 僅히 我國最高
統帥部의 唯一한 軍令을 接受할 뿐이오 其他의 軍令이나 혹은 政治의 牽制를 받
을뿐으로 不得말지오 그의 韓國獨立黨臨時政府와의 關係는 我國의 軍令을 받지
는 期間에 在하여는 오직 國有한 各戰鬪系를 保留함.

三、本會에서 該軍을 援助하야 韓國內地나 및 韓國邊境에 接近한 地域을 向하야 活動케
하야서 我國의 抗戰工作과 配合 식히도록 軍의로 하되 能히 韓國地境에 推進하지 못한

한국광복군 활동을 제약한 9개 준승

임시의정원 제35회 회의에서 윤기섭의 발언 내용

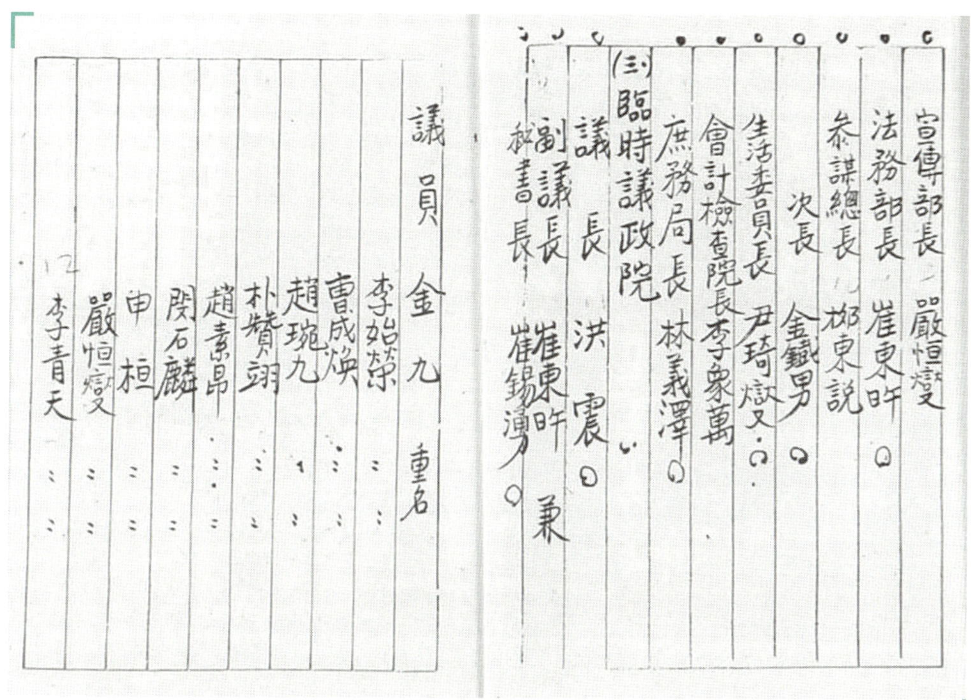

宣傳部長　嚴恒燮
法務部長　崔東旿
參謀總長　柳東說
次長　金鐵男
生活委員長　尹琦燮
會計檢査院長　李象萬
庶務局長　林義澤
(三) 臨時議政院
議長　洪震
副議長　崔東旿　兼
秘書長　崔錫淳

議員　金九　重名
李始榮
曺成煥
趙琬九
朴贊翊
趙素昻
閔石麟
申桓
嚴恒燮
李靑天

중국국민당에 보낸 김구공함(대한민국 27년 11월 20일)

도 해소할 필요가 있었다.

　　그 결과 1944년 8월 중국군 참모총장인 하응흠何應欽이 '9개 준승'의 취소를 통보해 왔다. 이후 '9개 준승'을 대체하는 새로운 군사협정이 체결되었고, 1945년 5월 1일부터 시행되었다. 이로써 광복군은 중국군사위원회의 통제와 간섭으로부터 완전히 벗어나게 되었고, 임시정부가 광복군의 통수권을 행사하게 되었다. 새로운 협정의 시행과 더불어 광복군의 독립성과 자주권은 완전히 회복되었고, 중국측의 원조도 차관 형식으로 바뀌었다.

윤기섭은 임시정부 내에서 김원봉이 주임을 맡고 있던 임시정부 군사학편찬위원 부주임을 맡아 활동하였다. 그리고 1944년 6월 1일 임시정부 국무회의에서 생활위원회^{生活委員會} 위원장으로 선임되었다. 생활위원회는 독립운동가 및 그 권속의 생활에 관한 일들을 관장하는 정부 부서였다. 당시 중경에 있던 임시정부 대가족의 생활 복리 업무를 주관하였다. 윤기섭은 8·15해방 이후 임시정부 요인들이 환국한 지 한참 지난 후인 1946년 4월 말 임시정부 생활위원장의 책임을 지고 중경에 있던 수백 명에 달하는 대가족을 인솔하고 귀국하게 되었다.

8·15해방과
해방정국에서의 활동

8 · 15해방으로 환국하다

윤기섭이 일제 패망 소식을 들은 것은 중경에서였다. 1945년 8월 15일 이날 국민당정부의 수도 중경은 거리마다 폭죽소리와 환호성으로 항일 전쟁의 승리를 자축하고 있었다. 이러한 분위기는 중경의 한인들도 예외가 아니었다. 1907년 신민회 활동 이후 항일운동에 투신한 지 40년이 다 되어가는 윤기섭으로서는 만감이 교차하였다.

일본의 항복이 확정되자, 임시정부는 '현 체제 그대로 환국한 뒤, 민의民意에 따른 정부를 재조직'하기로 결정하였다. 그리고 중국에서의 전후 처리와 환국 준비에 착수하였다. 8월 22일 서안에서 중경으로 돌아온 김구 주석은 중국측에 대해 그동안 임시정부에 보내준 지지와 원조에 사의를 표하고, '중국 내의 일본군 중에서 한인 사병을 특별히 대우하

환국을 앞둔 임시정부 요인들

 대한민국 임시정부의 민족혁명가 **윤기섭**

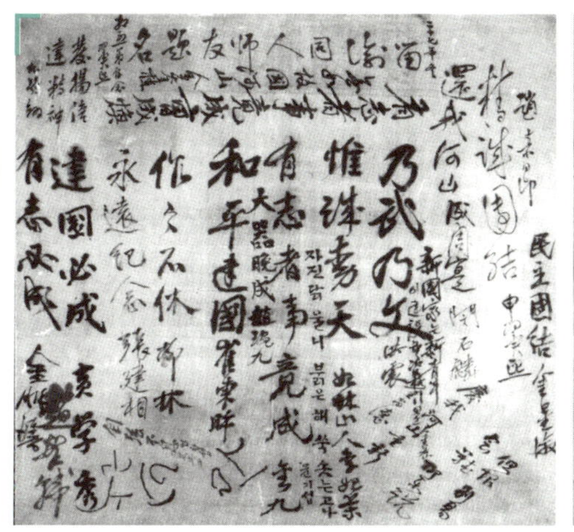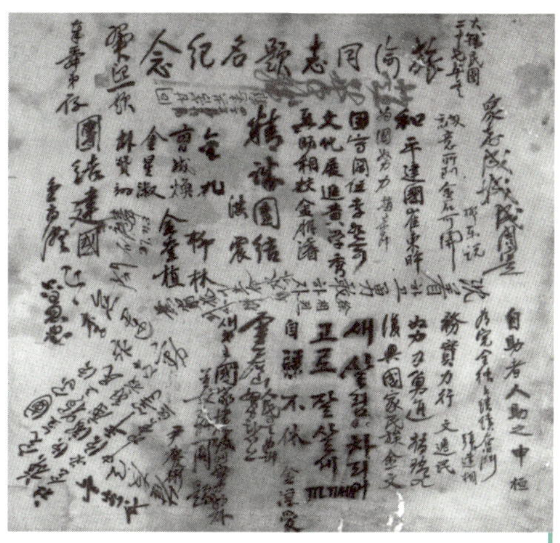

임시정부 요인 환국기념 서명포

여 무기를 소지한 채 광복군으로 편입시켜 주도록 조치할 것'과 '일본군 점령지와 중경지역의 한국 동포의 귀국에 편의를 제공해 줄 것'을 요청하였다.

계속하여 임시정부는 9월 2일 성명을 발표하여 '임시정부가 조속히 환국하여 한반도에서 일본인을 몰아낸 뒤에 임시정부의 권한을 국민에게 반환하고 정식 정부를 재조직하도록 하여, 한국의 독립을 확고히 하는 것'이 임시정부의 사명임을 천명하였다. 이튿날인 9월 3일, '국내외 동포에게 보내는 담화문告國內外同胞書'을 통해 일본이 정식으로 항복 문서에 서명하였음을 알리고 조국의 독립국가 건설에 대한 14개 항의 '임시정부 당면정책'을 밝혔다.

임시정부의 환국이 결정되면서 중국의 여러 기관에서 환송연을 베풀

중국 국민당정부의 임시정부 환송연회

있다. 10월 24일 중국국민당이 임시정부의 국무위원 및 각 부장, 의정원 의원 등 60여 명을 초대했고, 이외에 한중문화협회를 비롯해 여러 민간단체의 환송연이 이어졌다. 당시 중경에 주재하고 있던 중국공산당의 주은래周恩來와 동필무董必武가 국무위원 전체를 초청해 송별연을 베풀기도 하였다. 그리고 임시정부 요인이 떠나기 전날인 11월 4일에는 국민당정부 총재 장개석이 임시정부의 주요인사들을 초청해 다회茶會를 열고 임시정부의 환국을 축하해주었다. 윤기섭도 생활위원장 명의로 이들 모임에 참석하면서 귀국 준비에 바쁜 나날을 보내고 있었다.

환국에 앞서 임시정부는 교민 보호 문제를 담당하는 한교선무단韓僑宣

撫團을 조직하였다. 한교선무단은 1945년 11월 1일부터 대한민국임시정부 주화대표단駐華代表團의 산하조직으로 소속되었다. 주화대표단은 10월 29일 김구가 국민당정부 장개석을 면담한 자리에서 그 설치를 요청하여 건립된 것이다. 주화대표단은 단장 박찬익朴贊翊의 책임하에 중국 정부와의 연락 및 국민당정부 수복지구 재류 교포의 귀국에 관한 업무를 전담하였다.

임시정부는 기존의 정부 체제를 그대로 유지하여 환국하려고 하였으나, 국내의 미군정측이 이를 허용하지 않았다. 미군정은 임시정부 요인들에 대해 임시정부 명의가 아닌 '개인 자격'으로 환국하도록 하였다. 이에 임시정부 요인들은 어쩔 수 없이 1945년 11월 말부터 개인 자격으로 환국할 수밖에 없었다. 주석 김구를 비롯한 임시정부 요인 환국 제1진 15명은 11월 23일에, 그리고 군무부장 김원봉 등 제2진은 12월 1일에 고국 땅을 밟았다.

임시정부 요인들이 속속 귀국하는 과정에서 윤기섭은 이 대열에 합류하지 않고 중경에 남아 교민들의 귀국과 관련된 일들을 처리하였다. 그는 임시정부 생활위원회 위원장으로서 중경에서도 가장 마지막으로 임시정부 대가족을 인솔하여 상해를 향하였다. 중경의 대가족을 인솔하던 임시정부 요인은 윤기섭을 비롯하여 신영삼·이두산李斗山·강창제姜昌濟·임의탁林義鐸·박건웅朴建雄 등이었다. 이미 환국한 임시정부 요인들의 가족과 그리고 중경에 남아 있던 독립운동가와 그 가족은 수백 명에 달했다. 윤기섭도 가족으로 부인과 두 딸을 데리고 있었다.

귀국 경로는 중경에서 장강을 끼고 상해까지 가서 다시 한국으로 가는 노정이었다. 윤기섭은 거의 9년 전인 1937년 11월 남경에서 목선 및 기선으로 중경까지 장강을 거슬러 올라갔었는데, 이번 귀국길은 반대로 중경에서 상해까지 장강을 타고 내려가는 길이었다. 그때와 마찬가지로 윤기섭은 대가족을 인솔하는 책임을 지고 있었다.

국민당정부의 지원으로 중경을 출발한 225명에 이르는 임시정부 대가족은 해가 바뀐 1946년 2월 2일 무한에 도착하였다. 그들은 잠시 무한에 묵으면서 선박 교통편 및 숙식 등 필요한 사항들을 국민당정부와 협의하여 마련한 후 다시 출발하였다. 그리하여 2월 19일 무사히 상해에 도착하였다. 윤봉길의거 이후 일제의 삼엄한 단속을 피해 황급히 떠나간 지 14년만이었다. 이들이 상해에 도착하였을 때는 3·1절 기념일이 얼마 남지 않은 시점이었다.

1946년 3월 1일 상해 정안사로 대광명극장大光明劇場에서 윤기섭의 영도하에 3·1기념일 경축식을 거행하였다. 중국에서의 마지막 3·1기념식이었다. 그후 4월 26일 윤기섭과 임시정부 가족 제1진은 미군정에서 보내온 LST(탱크상륙정)을 타고 상해를 출발하여 3일만인 4월 29일 부산항에 도착하였다. 일제강점 직후인 1911년 서간도 망명 이후 35년 만에 꿈에 그리던 고국 땅을 밟게 되었다.

해방정국에서 활동하다

1946년 4월 말 귀국한 윤기섭은 상경하여 같은 민족혁명당 소속으로 먼저 국내에 와서 활동하고 있던 김원봉·성주식 등 동지들과 재회하였다.

서울에 들어왔을 때 그는 이미 좌익계열의 통일전선인 민주주의민족전선(민전) 부의장 및 상임위원에 위촉되어 있었다.

민전은 1946년 2월 15일 서울 종로 기독교청년회관(YMCA)에서 각 정당·사회단체 대의원 400여 명이 참가한 가운데 결성되었다. 여기에는 조선공산당·조선인민당·독립동맹 등 정당과 노동조합전국평의회·농민조합전국총연맹·부녀총동맹 그리고 문화단체·재외 동포단체·협동

1946년 3·1운동 기념식을 거행한 상해 대광명극장

조합전국연합회 등 각 부문 단체와 중앙인민위원회 및 지방인민위원회를 망라하고 있었다.

여기에 임시정부 계열이 결성한 비상국민회의에서 탈퇴한 김원봉·김성숙·장건상·성주식 등 4인이 민전 결성식에 극적으로 등장하였다. 해방동맹의 김성숙을 제외하면 모두 민족혁명당 인사였다. 사실상 민족혁명당과 해방동맹 자체가 민전에 가담한 것이었다.

결성식 당일 김원봉·여운형·허헌·박헌영·백남운이 공동의장에 선출되었다. 이들은 각각 민족혁명당·인민당·공산당·독립동맹·인민공화국을 대표하였다. 민족혁명당에서는 윤기섭·장건상·성주식이 부의장에

선출되었다. 민전은 각 단체의 회원수 비율로 선거를 실시하여 중앙위원 및 상무위원을 선출하였다. 73명의 상임위원 가운데는 김원봉·성주식· 윤기섭·윤징우·주세민·한지성 등 민족혁명당 계열이 선출되었다.

민전은 완전 자주독립과 민주적 개혁 그리고 최종적으로 민주공화국 건설을 주요 과제로 제시하였다. 민전의 결성은 우익 진영의 민주의원 결성, 그리고 그 직후에 개최되는 미소공동위원회에 대한 좌익측의 대 응책이었다. 아울러 민전은 1946년 11월 남로당이 결성될 때까지 좌파 세력의 통일전선이라는 역할을 수행하였다.

민전이 결성되던 2월 15일은 윤기섭이 중국 무한에서 배를 타고 상해 로 가고 있던 때였다. 윤기섭은 중국에 있었지만 민전의 부의장 및 상임 위원으로 선출되었다. 민족혁명당은 중앙집행위원이면서 오랜 항일투 쟁으로 명망이 높던 그를 민전 부의장에 추대하였던 것이다. 역설적이 지만 임시정부 요인 가운데 가장 늦게 귀국하였기 때문에, 윤기섭은 해 방정국 초기의 정치적 격류에서 한 발짝 비켜날 수 있었다.

윤기섭은 민전과 함께 국내에서의 민족혁명당 활동도 재개하였다. 1945년 12월 초 민족혁명당 총서기 김원봉이 임시정부 요인 환국 제 2진으로 귀국하고 민족혁명당 인사들이 어느 정도 귀국을 완료하면서 부터 민족혁명당을 재정비하기 시작하였다. 이때 윤기섭은 해방 이전과 마찬가지로 민족혁명당의 중앙집행위원이자 상무위원에 선임되었다. 그리고 민족혁명당의 당기관지 『앞길』의 사장을 역임하였다.

한반도를 신탁통치한다는 모스크바삼상회의 결정을 실천해야 할 입 장에 있는 미국과 소련은 미소공동위원회 재개를 준비해나갔다. 미소

양국은 공동위원회를 1947년 6월 23일에는 서울에서, 6월 30일에는 평양에서 각각 개최하기로 결정하였다. 미소공위의 재개 가능성이 고조되자 좌익 진영의 분열은 점차 해소되었다.

민족혁명당도 미소공위에 대한 대책을 마련하기 위해 1947년 6월 1일 서울 시천교당에서 민족혁명당 제10차 전당대표대회를 개최하였다. 이 대회에서는 강령과 규약을 수정하여 통과시키고 조직 문제에 대한 토론을 거듭한 끝에 당명을 인민공화당으로 개칭하기로 결정하였다. 당의 위원장에 김원봉, 부위원장에는 윤기섭, 성주식이 추대되었다. 인민공화당은 모스크바 결정 지지, 친일파 배제, 토지개혁, 정권의 인민위원회로의 이양, 입법기관 창설 반대 등 민전의 5원칙을 충실히 이행함으로써 남로당과 보조를 함께하였다. 인민공화당은 남로당의 유일한 우당이었고 또 남로당의 지원을 받아 당세를 확장할 수 있었다.

한편 민족혁명당은 1946년 6월부터 전개된 좌우합작운동에도 적극적으로 참여하였다. 좌우 분열에 실망하고 있던 많은 사람들이 합작운동을 지지하였다. 특히 좌우익, 그 가운데서도 김규식 등 온건우파와 여운형 등 중간좌파들이 적극적으로 지지하였다. 그들은 좌우익의 광범위한 통일이 없이는 자주독립국가 건설이 어렵다고 판단하였던 것이다. 미군정은 김규식·여운형을 좌우합작운동의 전면에 내세우고 전폭적으로 지원하였다. 이때 좌익 진영에서도 전반적으로 좌우합작운동을 지지하였다. 왜냐하면 그들은 좌우합작운동을 통해 한국인의 힘을 하나로 결집함으로써 미소공동위원회의 재개를 이끌어낼 수 있다고 보았기 때문이다.

는 말을 듣고 있읍니다. 조선 헌법문제와 친일파처단문제는 대단히 중요한 문제임으로 장구한 시간에 걸쳐 자세한 연구를 요하는 것입니다. 보선법제정이 그 때까지 장기간 지연될 수는 없읍니다. 본관은 입법의원이 최소한도 그 자태의 전의원이라도 일반투표로서 선거제로 하는데 충분한 보선법을 제정할것을 요망하는 바입니다. 그 법령은 교육 정견 종교 또는 문학해득의 능력을 막론하고 적당한 년령에 달한 전조선인 남녀를 포함하도록 기초되어야합니다. 본관은 귀하께서 가급적 속히 본건을 조선과도 입법의원에 제의하시기를 요청하는 바입니다.

一九四七년 五월 九일

군 정 장 관
아―취―볼드 러―취소장

남조선 파도 입법의원 의장대리 윤기섭 귀하

경계
입법의원에서는 특제 금년도 비루수집법안을 고력중이라 하는데 본관의 의견으로서

남조선과도입법의원 의장대리로 지명된 윤기섭

민족혁명당도 좌우합작운동을 전폭적으로 지지하였다. 김원봉은 민전과 대립되는 민주의원 소속의 김규식과 밀접하게 연계하였다. 그러나 좌우합작운동에 먹구름이 끼기 시작하였다. 미군정은 좌우합작운동을 주선하던 초기에는 입법기구 설치 의도를 강하게 드러내지 않다가 좌우합작운동이 무르익으면서 한국인들을 정치 및 행정에 직접 참여시킬 목적으로, 과도 입법의원이 설치되어야 한다는 내용을 공개적으로 제안하였다. 이에 보수 우익 단체들은 입법의원에 다수 대표를 보냄으로써 해방정국에서 우위를 차지하고자 하였다.

미군정은 1946년 10월에 선거를 실시하여 민선의원을 뽑고 관선의원을 임명함으로써 입법의원 설립에 박차를 가하였다. 관선의원은 대부분 좌우합작을 지지한 좌우 온건세력이었다. 윤기섭은 같은 해 12월에 결성된 남조선과도입법의원에 민족혁명당 대표로 관선의원에 선출되어 최동오와 함께 입법의원의 부의장에 선임되었다. 의장은 김규식으로 민족혁명당 이래 윤기섭의 동지였다. 윤기섭은 1948년 김규식이 중심이 되어 결성된 민족자주연맹에도 함께 하였다.

한편 1947년에 들어서면서 제2차 미소공동위원회가 유야무야되게 되었다. 그리하여 미국은 같은 해 9월 17일 한국문제를 유엔으로 이관하였다. 소련의 반대에도 불구하고 유엔은 10월 30일 미국의 안대로 한국 임시위원단 설치와 남북 총선거에 의한 정부 수립을 가결하였다. 이승만이 이끌던 독립촉성중앙협의회, 김성수가 이끌던 한국민주당 등 극우 세력은 미국의 안을 적극 지지하여 남한의 단독정부 수립을 추구하였다. 남한 내의 정치세력은 이에 대해 반탁이냐 찬탁이냐에서 단독정부 수립이냐 반대냐를 놓고 양분되었다.

이러한 정세하에서 기존 좌우익의 구도를 벗어나 미소 양군의 동시 철수와 남북협상을 통해 난국을 해결해야 한다는 입장에 선 중간파 세력이 '각 정당협의회'와 '민족자주연맹'으로 결집하기 시작하였다. 1947년 12월 20일 김규식과 홍명희를 중심으로 자주적인 통일정부 수립을 목표로 결성된 민족자주연맹에는 중경 임시정부에 몸담았던 인사들이 많았다. 윤기섭을 비롯하여 손두환·최동오·신기언·박건웅·김붕준·김성숙 등이었다. 윤기섭은 민족자주연맹의 정치위원회에 소속되어 활동하였다.

1948년 2월 북한의 연석회의 제의 이후 민족자주연맹은 회의를 열고 남북요인회담 추진 방안을 논의하였다. 그 결과 4월 3일 김구와 김규식의 주도하에 통일독립운동자협의회가 결성되었다. 4월 9일 민전 산하 제 정당·사회단체 대표 80명은 평양으로 출발을 완료하였다. 김구도 찬반이 분분한 가운데 연석회의가 열리던 당일인 4월 19일 평양으로 출발하였다.

파주에서 농사짓던 시절의 윤기섭과 딸들

김구가 평양으로 떠나던 날 민족자주연맹은 남북연석회의에 참여할 대표로 원세훈·최동오·신기언·윤기섭 등 14인을 선정하였다. 그러나 최종단계에서 윤기섭의 평양행은 이루어지지 않았다. 민족자주연맹 주석인 김규식이 4월 21일 평양으로 가면서 자신의 부재 기간 중의 임시 대리 주석으로 윤기섭을 선임하였기 때문이다.

한편 이 무렵부터 그의 정치활동은 뜸해졌다. 3월에는 국회선거위원회 전신인 중앙선거준비회의 위원장도 사임하였다. 사임 이유에 대해 "해외에서 돌아와 그간 국내사정을 연구하였으나 아직도 정통치 못하다는 것을 통감"한다고 심경을 토로하였다. 자신의 이상과 현실 정치와의 사이에서 괴리를 느꼈던 것이 아닌가 생각된다.

남북연석회의와 대한민국 정부 수립 이
후 윤기섭은 일선 정치에서 물러나 민족
교육운동에 투신하였다. 1948년 8월 그는
대한민국 정부 수립 이후 감찰위원장으로
임명된 정인보鄭寅普의 뒤를 이어 국학대학
國學大學 학장에 취임하였다. 광복과 더불어
설립된 국학대학은 민족정기를 앙양하고
국학의 이념을 선양한다는 이념을 내세우
고 있었는데 오산학교 이래 오랫동안 민족

노년의 윤기섭

교육에 종사했던 그가 적임자로 인정되었던 것이다.

윤기섭은 고향 파주와 가까운 통일로변 불광동에서 농사를 지으면서
유유자적한 생활을 하며 일선 정치와는 다소 거리를 두고 있었다. 그가
다시 정계에 본격적으로 투신한 것은 약 2년 후인 1950년 5월 30일 서
대문 을구에서의 제2대 국회의원선거에 출마하면서 부터다. 이때 제헌
국회에 참여하지 않았던 김규식·조소앙·김붕준·엄항섭·조경한 등 임
시정부 계열의 인사가 대거 국회의원선거에 출마하였다. 대한민국 정부
수립을 기정사실로 수용하고 이를 개혁하기 위해 다시 정계에 뛰어든
것이었다. 윤기섭도 그 가운데 한 사람이었다. 그는 조소앙 등 임시정부
계열과 함께 무소속 국회의원으로 당선되었다. 6월 19일 개원식과 그
다음날 본회의에 참석하면서 4년 임기의 제2대 국회의원 의정활동의 첫
발을 내디뎠다.

당시 언론보도에 의하면, 국민들은 이들 임시정부 요인들의 국회 진

출에 대해 큰 기대를 걸고 있었다. 상해 임시정부에서 의정활동을 오랫동안 수행했던 그에게는 대한민국 국회의 의정활동에 남다른 포부가 있었을 것이다. 하지만 제2대 국회 개원식에 참석한 것이 남한에서의 그의 마지막 정치활동이었다.

6·25전쟁으로 납북되다

제2대 국회 개원식이 열린 6일 후에 동족상잔의 전쟁인 6·25전쟁이 발발하였다. 북한은 전쟁이 발발하자 이른바 '모시기 작전'이라는 암호명을 가진 작전을 통해 남한의 주요 인사들을 대거 납북하였다. 그 주요 인사로는 김규식·김붕준·조소앙·윤기섭·조완구·최동오·박건웅·유동렬·엄항섭·김의한 등 임시정부에서 활동한 경력이 있는 민족주의 인사와 이광수·정인보·최린 등 저명한 문화계 인사, 백관수·명제세 등 이승만정부 요인, 김약수·노일환 등 국회프락치 사건 관련자들이었다. 이들 가운데 김규식 등 임시정부 계열과 임시정부를 적극적으로 옹호하였던 안재홍 등이 가장 영향력을 가지고 있었으므로 납북인사가 곧 임시정부 요인으로 통칭되기도 하였다.

6·25전쟁이 끝난 후 윤기섭을 비롯한 임시정부 계열의 납북인사들은 여러 가지로 어려운 환경 속에서도 힘을 모으기 시작하였다. 해방정국 남한에서 활동하다 월북하여 북한에서 고위직에 있던 옛 동지 김원봉의 지원을 얻어 독자적인 정치세력 형성에 나섰다. 그들은 1956년 7월 2일 평양 모란봉극장에서 재북평화통일촉진협의회를 결성하였다. 그러나

국내외 정세는 이들이 추구하는 방향과 다르게 전개되었다. 제네바 회담은 아무런 성과 없이 끝났을 뿐만 아니라 남북의 경색된 분위기 속에서 이들의 평화통일 공세는 별다른 영향력을 발휘할 수 없었다.

한편 윤기섭은 북한 정부의 강압에 항의하는 단식투쟁을 여러 차례 벌여 건강이 점점 악화되어 갔다. 그러던 중 그는 1959년 2월 평양 만경대 남산정부병원에서 73세로 숨을 거두어 평양 신미리 애국열사능에 안장되었다. 납북인사들과 함께 생활한 바 있던 북한의 한 인사는 윤기섭이 마지막으로 다음과 같은 유언을 남겼다고 증언하였다.

평양 애국열사능의 윤기섭 묘비

통일을 못보고 가는 것이 한이다.

갈라진 조국을 후세에 물려주게 되어 죄가 크다.

뜻을 이루지 못하고 죽어가니 허망하다.

남한에 있는 자식들이 보고 싶구나.

살아들 있는지 다시 보지 못하고 눈을 감을 수야 없지.

처음으로 북한의 윤기섭 묘소를 찾은 첫째딸 윤경자(한복차림)와 가족

남부끄럽지 않게 살다 죽었다는 것을 후세들에게 전해다오.

70평생 모든 것을 나라의 독립과 통일의 제단에 받쳤건만……

그의 마지막 유언에는 독립운동과 통일에 모든 것을 희생하였으나 그것을 보지 못하고 눈을 감아야 하는 회한과 남한의 가족에 대한 그리움이 짙게 배어 있다. 대한민국 정부에서는 1989년 그의 공훈을 기리어 건국훈장 대통령장을 추서하고 국립묘지 애국열사 묘역에 위패를 봉안하였다.

1887	4월 4일. 경기도 파주에서 부친 윤기영과 모친 이씨의 2남 3녀 가운데 2남으로 태어남. 본관은 해평海平, 자는 중규이고 호는 규운
1909	서울 보성학교를 수석으로 졸업. 이 무렵 신민회에 가입하여 자주독립·민중계몽·민권신장 등의 민족운동에 투신. 특히 민중계몽 연설회에 많이 참여하여 대중을 감동시키는 명연사로 활약. 신민회 산하의 청년학우회 한성연회 의사원으로 선출되어 활동 1909년 5월부터 1911년 5월까지 2년 동안 평북 정주 오산학교의 교사로 재직
1911	8월. 일제에 대한 장기전을 준비하기 위해 서간도로 망명. 서간도에서 이시영·이동녕 등과 함께 한인자치기관 경학사와 무관양성을 위한 신흥무관학교를 창립하여 10년 동안 신흥무관학교의 학감·교감 등을 역임하면서 수많은 군사인재들을 양성. 또한 신흥무관학교 교장이었던 여준과 더불어 신흥무관학교를 후원하는 조직이자 혁명결사였던 신흥학우단을 조직. 그후 경학사·부민단이 중심이 된 한족회가 설립되자, 학무부장을 역임
1919	7월. 만주지역의 유명한 마적이었던 장강호長江好 일당에 의해 납치되어 한족회 본부의 교섭으로 풀려날 때까지 약 두 달 동안 고초를 당함
1920	2월 9일. 서간도 삼원포 남산에서 임시국민대회를 발기하고 임시회

장에 선출된 후 독립전쟁을 호소하고 임시정부에 대해 독립전쟁을
위한 재정 지원 요청을 위하여 이진산과 함께 임시정부 임시의정원
서간도 의원으로 선출되어 2월 20일 서간도를 떠나 2월 말경 상해
에 도착

3월 초. 임시의정원에 서간도 의원으로 등단하여 임시정부에 대해
군사기관을 만주와 연해주로 옮기고 적어도 만주에서 보병 10개 내
지 20개 연대를 편성 훈련할 것, 금년 내에 혈전을 개시할 것 등을
요지로 한 군사에 관한 건의안을 제출하고 임시정부의 결단을 촉구

4월 29일. 임시정부 군무부 임시편집위원장에 임명

6월. 임시정부 국무원의 결정에 따라 간도지역 특파원으로 파견. 이
해에 임시정부 육군무관학교 교관, 상해거류민단 본구역의 위원 등
을 맡아 활동하였음. 또한 조완구·김두봉 등과 함께 상해 고려공산
당에 입당하여 활동

1921   2월경. 간도 시찰 임무를 마치고 청산리전역에 참여하였던 북로군
정서 장교 김훈과 함께 상해 임시정부에 귀환. 2월 19일 오후 7시
상해 대한교민단 사무소에서 간도 귀환 환영회에 참석하여 간도지
역 상황에 대한 보고

3월 5일. 상해의 독립운동가 39인의 연명으로 임시정부의 개조 및
재조직을 주장하는 국민대표회의에 반대하여 임시정부와 이승만을
지지하는 성명을 발표

4월 29일. 임시정부 군무부 임시편집위원장에 임명. 4월 임시정부
를 해체하자는 논의가 제기되자 조완구 등과 함께 임시정부를 옹호
하고 지지하는 협성회를 조직하고 이끎

5월 4일. 임시의정원 제8차 회의 7일 회의에서 13의원의 연서로 제
출한 '정부촉성제의'를 20명 출석에 18명 찬성으로 통과시켜 채택

5월 7일. 임시정부 국무원에서 군무부 차장에 임명. 5월 28일 중한
국민호조사총사 창립에 참여

7월 4일. 교민단 주최의 국어장려연설회에서 국어를 익힐 것을 강조

11월. 임시의정원 의원 25명과 연서로 독립청원을 태평양회의에 참
석하는 각국의 대표에게 발송. 이 해 임시의정원에서 신도의원 자격
심사위원 및 상임위원을 역임

1922   7월 13일. 임시정부 및 국민대표회의 소집 문제로 인한 시국을 수습
하기 위한 시사책진회에 참여

10월 28일. 임시정부가 장기적인 대일전쟁 준비를 위한 한국노병회
창설에 참여하여 동회의 교육부장 등을 역임

1923   4월경. 임시의정원 제7대 의장에 피선되어 1924년 3월까지 의정원
을 이끔

1924   노병회에서 『보병조전』이라는 군사교육서를 발간하여 청년들의 군
사교육에 활용

7월 17일. 임시의정원 회의에서 임시정부에 대해 '독립당대표회의
소집'의 건의안을 제출

1926   12월 14일. 임시정부의 국무원 및 내무장에 선임. 12월 23일 임시
의정원에서 이규홍·김철·정원·김붕준 등과 함께 헌법기초위원으
로 피선. 이 해에 김구 내각에 이규홍·김철 등과 함께 입각하여 선
전을 책임지고 활동

1927   1월 12일. 제3차 개헌안을 임시의정원 회의에 발의하였으나 부결

1932   초 남경에서 민병길·성주식·신익희 등과 함께 한국혁명당을 조직

4월 29일. 상해 홍구공원의 윤봉길의거로 인한 일경의 추적을 피해
남경으로 근거지를 옮김

10월. 한국혁명당의 대표로 한국대일전선통일동맹의 결성에 참여

1933	3월 22일. 임시정부 국무위원 및 군무장에 선임. 이 해에 홍진 등의 재만 한국독립당과 제휴하여 신한독립당을 결성하여 동당의 상무위원에 선임
1934	4월 2일. 임시정부 국무위원 회의에 참석. 8월 23일부터 24일까지 임시정부 국무회의에 참석 10월 30일부터 11월 3일까지 항주에서 열린 임시정부 의정원회의 및 국무회의에 참석
1935	남경에서 단일대당 민족혁명당 창당에 참여하여 중앙집행위원, 훈련부 부장 및 당보부 책임자를 역임 11월 2일. 임시의정원에서 의원 직무 해제
1937	1월부터 남경에서 개최된 민족혁명당 전당대회의 의장으로 선임되어 전당대회를 주재 11월 14일. 남경이 일본군에 함락될 위기에 처하자 민족혁명당 구성원들과 가족들을 인솔하여 남경 탈출
1938	3월 13일에 남경을 출발한 후 무한·의창·만현·석보탑 등을 경유하여 넉 달만에 최종적으로 중경 도착 4월. 중경시상회에서 도산 안창호 추도회를 개최하였음. 이해 민족혁명당 중경구당부를 이끔
1941	10월 14일. 임시정부 임시의정원 경기도 의원에 당선되었으나 한국독립당의 방해로 의정원에는 등원하지 못함
1942	1월. 임시정부 국무회의에서 삼일절 기념행사 거행을 위한 삼일절 기념주비위원회 주석으로 피선 2월 25일. 임시정부 요인 송병조가 서거함에 따라 23인 치상위원회 위원에 선임 8월 20일. 임시정부 외무부 외교연구위원에 선임

| 1943 | 3월 4일. 군무부 차장에 임명되어 중국정부가 한국광복군의 활동을 제약하던 이른바 '9개 준승'의 철폐에 많은 노력을 기울임 |

1943　3월 4일. 군무부 차장에 임명되어 중국정부가 한국광복군의 활동을 제약하던 이른바 '9개 준승'의 철폐에 많은 노력을 기울임

1944　6월 1일. 임시정부 국무회의에서 생활위원회 위원장으로 선임. 김원봉이 주임을 맡고 있던 임시정부 군사학편찬위원 부주임을 맡아 활동

1945　8월 15일. 중국 사천성 중경에서 일제 패망 소식을 접함. 생활위원회 위원장으로서 교민들의 귀국을 위한 여러 가지 일들을 처리

1946　2월 15일. 서울에서 좌익세력의 연합체로 결성된 민주주의 민족전선 의장단의 부의장 및 상임위원에 선임

2월 19일. 임시정부 생활위원회 위원장으로서 임시정부 대가족을 인솔하고 무한을 거쳐 상해 도착

3월 1일. 상해 대광명극장에서 3·1절 기념식을 거행

4월 26일. 미군정이 보내온 LST함정을 타고 상해를 출발, 3일만인

4월 29일. 부산항에 도착하여 고국땅을 밟게 됨

12월. 남조선과도입법의원의 관선의원에 선출되어 부의장을 역임. 이 해에 민족혁명당 중앙집행위원 및 상무위원, 당기관지인 『앞길』의 사장을 역임

1947　6월 1일. 서울 시천교당에서 열린 민족혁명당 제10차 전당대표대회에서 민족혁명당을 인민공화당으로 개칭하고 당의 부위원장으로 추대

12월. 결성된 민족자주연맹에 참여하여 정치위원회 소속

1948　3월 5일. 국회선거위원회 전신인 중앙선거준비회의 위원장을 사임.

4월 19일. 남북연석회의 참가를 위한 민족자주연맹 14인 대표로 선정되었으나 이틀 후 주석 김규식의 부재 시 민족자주연맹 임시대리 주석에 선임

9월. 국학대학 학장에 선임. 이 무렵부터 고향 파주와 가까운 서울 불광동 통일로 대변에서 농사에 종사

1950	5월 30일. 대한민국 제2대 국회의원선거에서 서대문 을구에서 무소속으로 당선 6·25전쟁이 발발하면서 북한의 '모시기 작전'에 의해 다른 임시정부 요인들과 함께 납북
1956	7월 2일. 평양 모란봉극장에서 납북된 임시정부 요인들과 함께 재북평화통일촉진협의회 결성
1959	2월 27일. 북한 정부의 강압에 항의하기 위해 여러 차례 단식을 하다 건강이 악화되어 향년 73세로 서거. 유해는 평양 신미리 애국열사능에 안장
1989	대한민국 정부로부터 건국훈장 대통령장에 추서

자료

- 『獨 立新聞』(上海版), 『獨立新聞』(重慶版), 『東亞日報』, 『朝鮮日報』, 『新韓民報』.
- 『서울신문』, 『三千里』.
- 『不 逞團關係雜件－朝鮮人의 部－在上海地方』(국사편찬위원회 데이터베이스).
- 『不 逞團關係雜件－朝鮮人의 部－鮮人과 過激派』(국사편찬위원회 데이터베이스).
- 『不 逞團關係雜件－朝鮮人의 部－在滿洲의 部』(국사편찬위원회 데이터베이스).
- 朝鮮總督府, 『要視察人名簿』, 1925.
- 朝 鮮總督府, 『國外容疑朝鮮人名簿』, 1935.
- 國 家報勳處, 『大韓民國臨時政府와 光復軍』－海外의 韓國獨立運動史料(18), 1996.
- 國 史編纂委員會, 『韓國獨立運動史』 資料 1－3(臨政篇 Ⅰ－Ⅲ), 1970~1973.
- 國 史編纂委員會, 『韓國獨立運動史』 資料 21－22(臨政篇 Ⅵ－Ⅶ), 1992~1993.
- 國 史編纂委員會, 『韓民族獨立運動史資料集』 37·43·44·46(獨立軍資金募集 6·中國地域獨立運動 裁判記錄 1·2·4), 2000~2001.
- 국사편찬위원회, 『대한민국임시정부자료집』 1·21, 2005~2007.

· 국사편찬위원회, 『대한민국임시정부자료집』 별책 1 –독립신문, 2005.

· 國會圖書館, 『大韓民國臨時政府 議政院文書』, 1974.

· 金正明, 『朝鮮獨立運動』 2, 原書房, 1967.

· 金正柱, 『朝鮮統治史料』 8, 韓國史料研究所, 1971.

· 대한매일신보사 편, 『白凡金九全集』 제1 · 4 – 7권, 1999.

· 대 한민국임시정부기념사업회, 『프랑스소재 한국독립운동 자료집』 I , 2006.

· 독립기념관 한국독립운동사연구소 편, 『震光 · 朝鮮民族戰線 · 朝鮮義勇隊(通訊)』, 1988.

· 독립운동사편찬위원회 편, 『독립운동사자료집』 제7 · 9집(임시정부 자료집), 1973~1975.

· 독립운동사편찬위원회 편, 『독립운동사자료집』 별집2집(임시정부외교문서집), 1976.

· 社 會問題資料研究所編, 『思想情勢視察報告集』 2, 東洋文化社, 1976.

· 夢陽呂運亨全集發刊委員會, 『夢陽呂運亨全集』 1, 한울, 1991.

· 雩 南李承晚文書編纂委員會, 『梨花莊所藏 雩南李承晚文書 : 東文篇』 1 – 18, 연세대학교 현대한국학연구소 · 중앙일보사, 1998.

· 崔鍾健 譯編, 『大韓民國臨時政府文書輯覽』, 知仁社, 1976.

· 秋憲樹, 『資料 韓國獨立運動』 1 – 4, 延世大 出版部, 1971~1975.

· 中央研究院 近代史研究所編印, 『國民政府與韓國獨立運動史料』, 臺北, 1988.

회고록

· 국가보훈처, 『공훈록』 제5권, 1988.

· 김구(도진순 주해), 『백범일지』, 돌베개, 1997.

· 김명주, 『명수산문록』, 삼형문화, 1985.

· 김준엽 편, 『석린 민필호전』, 나남출판, 1995.

• 김학철, 『최후의 분대장』, 문학과지성사, 1995.

• 김홍일, 『대륙의 분노 - 노병의 회상기』, 문조사, 1972.

• 남파박찬익전기간행위원회, 『남파 박찬익 전기』, 을유문화사, 1989.

• 이태호, 『압록강변의 겨울』, 다섯수레, 1991.

• 정화암, 『어느 아나키스트의 몸으로 쓴 근세사』, 자유문고, 1992.

• 지복영, 『역사의 수레를 끌고 밀며 - 항일무장 독립운동과 백산 지청천장군』, 문학과지성사, 1995.

저서

• 강만길, 『조선민족혁명당과 통일전선』, 화평사, 1991.

• 姜德相, 『呂運亨 評傳 2 : 上海臨時政府』, 新幹社, 2005.

• 고정휴, 『이승만과 한국독립운동』, 연세대출판부, 2004.

• 국가보훈처, 『대한민국임시정부 수립80주년기념논문집』 상·하, 1999.

• 김광재, 『한국광복군 - 한국독립운동의 역사 52』, 한국독립운동사편찬위원회·한국독립운동사연구소, 2007.

• 김영범, 『한국 근대민족운동과 의열단』, 창작과비평사, 1997.

• 김희곤, 『중국관내 한국 독립운동단체 연구』, 지식산업사, 1995.

• 김희곤, 『대한민국임시정부 연구』, 지식산업사, 2004.

• 도진순, 『한국 민족주의와 남북관계』, 서울대출판부, 1997.

• 독립운동사편찬위원회, 『독립운동사 - 임시정부사』 제4권, 1969.

• 독립운동사편찬위원회, 『독립운동사 - 독립군전투사(하)』 제6권, 1975.

• 서중석, 『신흥무관학교와 망명자들』, 역사비평사, 2001.

• 신용하, 『한국근대민족운동사연구』, 일조각, 1988.

• 손과지, 『상해한인사회사』, 한울, 2001.

• 염인호, 『김원봉 연구』, 창작과비평사, 1992.

• 웅월지 주편, 『상해통사』 1－15, 上海人民出版社, 1999.

• 윤대원, 『상해시기 대한민국임시정부 연구』, 서울대출판부, 2006.

• 이정식, 『몽양 여운형』, 서울대출판부, 2008.

• 임경석, 『한국 사회주의의 기원』, 역사비평사, 2003.

• 장세윤, 『－봉오동 청산리전투의 영웅－홍범도』, 한국독립운동사연구소·역사공간, 2007.

• 조동걸, 『한국근현대사의 이해와 논리』, 지식산업사, 1998.

• 조동걸, 『한국독립운동의 이념과 방략－한국독립운동의 역사 01』, 한국독립운동사편찬위원회·한국독립운동사연구소, 2007.

• 조범래, 『한국독립당연구』, 중앙대 박사학위논문, 2006.

• 채영국, 『－서간도 독립군의 개척자－이상룡』, 한국독립운동사연구소·역사공간, 2007.

• 한상도, 『한국독립운동과 중국군관학교』, 문학과지성사, 1994.

• 한시준, 『한국광복군 연구』, 일조각, 1993.

• 한시준, 『의회정치의 기틀을 마련한 홍진』, 탐구당, 2006.

• 호춘혜 저(신승하 역), 『중국안의 한국독립운동』, 단대출판부, 1978.

논문

• 김희곤, 「19세기말－20세기 전반 한국인의 눈으로 본 상해」, 『지방사와 지방문화』 9－1, 역사문화학회, 2006.

• 박성수, 「광복군에 대하여 － 소위 '준승구항'을 중심으로－」, 『백산학보』 3, 1967.

• 손세일, 「비교평전 : 한국 민족주의의 두 유형 － 이승만과 김구」, 『월간조선』 37－71, 2005~2008.

• 양영석, 「대한민국 임시의정원연구(1925~1945)」, 『한국독립운동사연구』 2,

한국독립운동사연구소, 1988.

· 유준기, 「대한민국 임시정부의 교육·문화·홍보활동」, 『한민족독립운동사연구』 7, 국사편찬위원회, 1990.

· 이명화, 「상해에서의 한인 민족교육운동」, 『한국독립운동사연구』 4, 한국독립운동사연구소, 1990.

· 이현주, 「임시의정원 내 정치세력의 추이와 권력구도 변화(1919~1925)」, 『정신문화연구』 108, 한국학중앙연구원, 2007.

· 장석흥, 「해방 직후 상해지역의 한인사회와 귀환」, 『한국근현대사연구』 28, 한국근현대사학회, 2004.

· 한시준, 「한국광복군과 중국군사위원회와의 관계」, 『국사관논총』 47, 국사편찬위원회, 1993.

ㄱ

대한민국 임시정부의 민족혁명가 윤기섭

1판 1쇄 발행 2009년 4월 13일
1판 2쇄 발행 2020년 8월 15일

글쓴이   김광재
기 획   독립기념관 한국독립운동사연구소
펴낸이   주혜숙
펴낸곳   역사공간
          주소: 04000 서울특별시 마포구 동교로19길 52-7 PS빌딩 4층
          전화: 02-725-8806
          팩스: 02-725-8801
          E-mail: jhs8807@hanmail.net
          등록: 2003년 7월 22일 제6-510호

ISBN 978-89-90848-47-5 03900

• 잘못된 책은 바꿔 드립니다.

역사공간이 펴내는 '한국의 독립운동가들'

독립기념관은 독립운동사 대중화를 위해 향후 10년간 100명의 독립운동가를 선정하여,
그들의 삶과 자취를 조명하는 열전을 기획하고 있다.